被解释的美

英语的方法和趣味

金雯 —— 著

华东师范大学出版社
·上海·

说在前面的话

第一辑　低头便见水中天：英语语言和文学的学习方法 / 001

如果不在英语环境中长大，如何学好英语 / 002
英语专业的良夜 / 015
如何跨越英语听力障碍 / 021
英语阅读的道与术 / 026
跟着影评练阅读 / 033
来自陌生世界的你，请和我讲话 / 039
英语口语的操练 / 044
中国学生和英语写作——不要让英语写作使你变笨 / 050
写作指导书整理 / 054
浅谈翻译原则：翻译不好是因为母语不好吗？/ 059
谷歌中译英新版到底好用到什么程度 / 063
被分析的美或许更美：文学研究的旨归 / 070
文学研习入门的基本方法 / 075

第二辑　为人性僻耽佳句：让英语生动起来 / 083

轻便才能运动：动词短语和短语动词 / 084
出人意料的介词 / 088
悲哀的副词 / 096
诡异的 THE / 100
噼里啪啦、窸窸窣窣、滴滴答答：用语言表达声音效果 / 105
看图说话 / 110
说笑话需要天赋，但也可以训练 / 112

目 录

如何写好英文句子(一) / 115
如何写好英语句子(二) / 126
在句子中如何安排主语 / 137
段落是如何构成的：以论述文为中心 / 143
描写的艺术：神奇动物、人脸和建筑 / 149

第三辑　风流五百年：英语学习与人文素养 / 155

况味、情怀和留白——论翻译与文化 / 156
金句：也论协商与独立 / 161
我爱英语词 / 165
从词语看世界 / 170
细节与灵感：文学是如何发生的 / 176
诗歌的放纵和规矩 / 181
狄伦获诺奖，文学死了吗？ / 191

第四辑　辨才须待七年期：实用英文写作 / 195

如何申请海外博士项目 / 196
写电邮的常用表达 / 206
推荐信怎么写 / 210
怎么写英文论文的摘要 / 218
文学类英文论文的写作要义和思路 / 222
文学类英文论文的研究方法和序言格式 / 231
情感与形式：论小说阅读训练 / 236
附录　求教职如何应对面试 / 254
尾声 / 257

说在前面的话

我是一名语言和文学的研究者及热爱者,以文字为工作和乐趣。我也是一名教师,喜欢与人交流,喜欢表达和创造。我是以文字为进出世界和心灵的口令,越过经验边界的一枚竹筏。

我为什么会学习语言文学,这是我在美国西北大学开始读博士的时候一个教授让我们回答的问题。我说,因为文学是感性和理性能同时得以伸展的领域。回头想来,当时随口说的话或许很有道理。唯有感性,才能在文字中寻到声色形神,会因字的瘦削凄清而冷,或因字的丰腴浓艳而热,读字如真实生命般有所拓展。与文字相处日久,便可从中悟出生命质材不唯草木,更有无所不在的文字。而唯有理性,才能在文字中找到深刻的思辨。分析和思辨并非人脑强加于文字的枷锁,而是语言自身的结构特征,是语言与世界相处的方式。语言观照着这个世界,将同时发生的一千件事情用线性排列的字符来表示,就必须一件件事说,什么说什么不说、怎么说,都大具奥妙,可见语言本身就是哲学,也需要用哲学家的头脑来进行解读。

我对语言文学的爱是无止境、不断延展的,包括了文化和人类的许多支流,也包括不以字符为基础的形象和声音的语言。无限延展是知识人的最高乐趣之一。

我还有一个同样悠远的乐趣,那就是与生活中和网上许许多多同学、朋友们在智识上和情感上进行互动交流。我自从 2011 年左右在豆瓣和新浪微博上建立账号以来,就经常发表点滴感想和知识,居然聚集起了许多认识或不认识的同道中人。

一开始只是因为觉得网上言论混杂，想要就有些问题做出独特的解释。后来个人账号人气增加，就收到不少问题，逐渐开始回复。教学相长，回答别人的问题也推动自己的研究思考。我在美国读书和教学期间，独自一人思考比较多，而社交面突然开阔后发现学问没有受损，反而进步更快。

这本书就是由此而来，是我本人对于语言和文学的感悟，也是与各路读者朋友交流的成果。包含我对语言学习方法和文学与文化关联的思考，也包括实用语言技巧和英语写作训练等内容。在对书中收录文章进行修改的时候，我比往日更为清晰地看到了自己平日里小文的价值。

我的求学和任教经历让我非常坚定地相信语言学习是困扰许多学生的一个问题。我大学毕业后出国，在美国西北大学攻读英文博士学位，随后在哥伦比亚大学英文系任教至2012年年底。2013年回国后，我先在复旦大学英文系任职，后来去了华东师大的中文系比较文学教研室。在英文系和中文系的教学经历给了我很多启示。中文系同学对语言不是那么喜欢和重视，研究外国文学的时候习惯读译文。而外语学院同学因为要投入大量时间练习外语阅读和写作，在文学和文化上就容易兴致阑珊，涉猎肤浅。

这就造成一种两难。我觉得长时间投入语言学习是很有用的，但不能因此限制自己的文化视野。反过来，在驰骋学海的时候，一定要有一到两门精通的外语，达到能写能说的熟练程度。语言学习中对方法的掌握至关重要，也是可以不断总结琢磨的。

当然，我平日里交流的大多数人并不在学院里，将来也不准备在学院工作，但这样的朋友也有很多会被语言和文学所吸引和感召，也希望读到有深度有趣味独出机杼的文章。

各路朋友的需求都是我平日写作和修改的动力。我目前将大部分精力献给学术写作，尽量求精求新，但总有些闲散时间可以用来满足其他兴趣，而且还有许多学生同行和朋友需要我写些非学术的小文。

当然，我最高的动力还是把文字写好，把文字讲好。每日见证和拓展包括文字在内的人类能力之美，让这个世界为美叫好。语言事大，必以虔心和素心待之。

用我最喜欢的一句话来说明我的最高愿望，那就是巴赫对自己艺术创作动力的概括：为了上帝的荣耀，也同时取悦我的邻居。上帝的荣耀就是见证世界的奇迹，我不是基督徒，但我相信每个人都是来给世界增色的，不论有多么艰难，还是要留下点什么。中国人说"筚门圭窬之人，敢睎天望之冀"，当然也是争取最高荣耀的意思，这里的"天"不一定要代表等级之高，也可以代表造诣之深，穷尽自然之潜能。我们生来是为了拓宽世界维度的，我们都想知道天空是什么颜色。

但话说回来，我还是很希望读者——我在世间的友邻们——可以喜爱书里的小文章，并觉得它们有价值。请把收录在这里的文章看成是从过来人那里得来的建议，不要全盘接受，也不要全然漠视，语言和文学的学习没有普遍适用的方法，每个人要依据自己的习惯和条件制定学习方案，但有人指点和交流总是有益的事。我在这里也要谢谢友邻们，即使是我发的最晦涩艰深的微博和文章，也会收到不少有见地有信息量的回复。微博和微信成为我思想的演练场，这本书里的许多内容都经由这个演练场，重新斟酌修改后写成。

最后，要特别感激我的学生们，复旦英文系2011级和2012级的同学们，他们至今还与我有联系。还有华东师大中文系的同学们与校内外许多研究生和博士生。另外，要感谢网上经常提供建议和分享资源的同道们，如月弓城和译鸣Babel等朋友。挚友范若恩和董伯韬对本书的文字和思路提过许多珍贵的建议。也要特别提及南京大学出版社上海分社社长黄昌朝，华师大出版社的编辑许静、陈斌和乔健，他们都是好朋友好战友，谢谢。

我对英语学习、语言文化的想法也随时在改变和丰富，欢迎大家关注新浪微博"莫水田"账号与微信公众号及App"池馆燕语"，多提建议。

被解释的美

第一辑

低头便见水中天：
英语语言和文学的学习方法

如果不在英语环境中长大，如何学好英语

经常有人问，学英语是否要从听力开始？我身边就有很多这样的例子，侄子侄女从小就练习英语，都能说几句简单的英语。他们定期去上由外教主讲的幼儿英语教学班，也借助电脑光盘和网上的视频作为练习工具。事实证明，他们的听力的确在阅读能力之前就培养起来了。不过，他们听英语的时间毕竟是太少了，一周几小时完全不足以让他们能流利地说英语。以后如果要进阶，肯定还是要在字母和单词之外，理顺语法，加强阅读和写作。换作成人，或许从听入门可能会更困难。听力的确非常重要，学英语必须要多听，对口语提高也是必不可少的，但基于中国一般学生学习英语的实际——以及我本人的经历——我在这里还是提出了以阅读为核心，以阅读来带动写、听和说的学习模式。当然，这个论点不排除可能出现的很多例外，有很多人吸收信息的主要模式是听，即使在中文语境中也是如此，对这部分人来说，大概应该以听为英语学习的核心环节。

与以读和听哪种学习方法为主相关的问题是，我们是否应该在学英语的时候完全跳入英语世界，尽量用双语或英英词典，多读多看英文文章和著作，尽量说英语？总之，是否该与中文保持距离？但从某些方面来说，这对十二三岁之前没有机会在外国长期居住的中国学生来说是不可能的，一旦成年，中文成为我们思考的主要工具，即使这时候进入英语

国家学习或工作,也已经走不出心中的中文世界了。母语是我们理解世界的方式,对我们大脑的构造有着深刻的影响,我们理解另一种语言很难完全脱离中文基础,翻译式理解是必经之路。但这并不意味着就不可能具备"英语思维"了。很多人推崇的英语思维究竟意味着什么呢?无外乎是对大脑的一种重塑,使我们可以用英语句式和习惯语来形成和表达想法,并且在大脑里开始将客观事物直接与另外一种语言对应,形成独立于母语的另一套词与物的回路。英语思维有时候很自然,比如看别人打喷嚏,不少人马上会反应说"bless you"(保佑你),这种表达中文里没有,我们当然不会受中文干扰。用英语思维还有更复杂的例子,有些思想和思维方式我们先从外语中获得,比如"identity is fluid"(身份是流动的),这个想法不是中文原生的,我们一般是在学英语时学到的,这样的念头也一定不需要从中文翻译成英文(反而是翻译成中文比较难),由此构成典型的英语思维。当然,不可避免的是,大量事物和想法是有中文表达的,也是先通过中文被我们所认识的,表达这些事物和想法的时候,中文肯定会干扰英文,比如你见到名人,首先会想到"久仰大名",然后再翻译成"I've heard so much about you",这时候,翻译思维和训练就很必要了,不训练就会出现中式英语或结巴的英语。所以,我以为学英语只能两条腿走路,一方面大量阅读英文,吸收英文中独特的思想和表达,一方面好好学习操练翻译,让你表达惯常事物的时候能飞快将其从中文翻译成英文,快到看不出痕迹,就好像英语思维一样。

有些人可能会觉得,我们不能在年幼时期去以英语为母语的国家居住几年,以至于成年后要花这么多时间弥补,不是很可惜吗?或许吧,但福祸相依,小时候出国学习英语有可能因此会对母语能力产生负面影响,或者因为种种原因而在国内或国外出现不适应环境的情况。我也看到过一些事例,说明青少年时期的双语生活和教育可能会使两种语言都无法完全扎根,从根本上影响一个人的语言能力,当然这也是因人而异的。总之,无论什么背景,对学外语来说都是有利有弊的。

我小时候跟着人民广播电台的英语节目学习,1980年代有不少好节目,音标和拼写都从头开始学,一边学一边念诵,听和读都接触得比较多。高中时期发现自己对语法特别热爱,自己也能总结出很多语法规律。大学毕业出国以后,长期进行英语学术写作,这方面进步比较快,写作训练是英语学习中最为艰难的时期,在压力和兴趣的推动下根据范文不断操练是必经之路。博士毕业后长期在美国授课,口语方面自然也大有提高。2013年回国后通过在公共平台上发布各类短文,终于可以对过去的一些经验做出总结,也有空仔细思索英语作为技能和艺术的各种特点和规律。

如果问我学习外语需要什么样的条件,我觉得最根本的当然是兴趣,自己想学的时候,或者因为迫切的需要动力增强的时候才可能学好。也需要一定的智能条件,基本的记忆能力,对语法规律的分析力和领悟力,对不同词汇语义差别的理解力,对语言天然节奏和形式变化的敏感,大致就够了。发音能力因人而异,但语音不准影响并不大,表达熟练地道要重要得多。

但列举这些能力并不足以说明外语学习的根本前提。很多人汉语能力很强,就是不愿意学外语,这其中有个很大的原因,就是对模仿和重复的拒斥。学外语必然需要模仿,语音语调的模仿,遣词造句习惯的模仿,都不可避免,且要反复操练。擅长外语的人不一定在大脑构造上有何特殊之处,更可能是心性上比较擅于认同、模仿他人。这没有什么不好,模仿不等于迎合,也不是墨守成规,模仿恰恰可以是创新的前提,最好的语言学习或许就是以创新为目的的带有敬意而又叛逆的模仿。陆谷孙老师曾经很喜欢荀子所说的"坚疆而不暴,柔从而不流",这种个性不是依靠学习外语的过程才能形成,但外语爱好者很可能具备这样外柔内刚的个性。

当然,本文的重心不是心性,而是学习英语的方法和技巧。

一、以输出为核心的语言学习

判断英语是否学得精深,核心标准是写作能力,为了写好必须多读多听,写作好了,然后再多说,口语也能跟着提高。听说读写能力互相牵制,但还是可以理出个先后次序的,简单来说,在每一个学习层级上都是读、听、写、说这个顺序。过了一个层级再上一个新的,如此反复循环。当然,假如你只想能读懂听懂英语,事情就简单多了。

学语言,一开始慢一点不要紧,贵在基础牢固。阅读的时候对语法和句式要花充分的时间琢磨,把英语学"正",一知半解的话会很快遇到瓶颈。一时求快,却可能阻断未来提升的可能。

打基础的过程其实不苦也不枯燥,语言的有趣自在喜欢语言的人心里,而喜欢是没有条件的。

接下来,我逐一解释我认为的应该如何提高英语的基本技能。本文只是综述,关于阅读、听力、写作的方法还会在第一辑随后的文章中详细论述。

1. 发音

喜欢英语的人一般都喜欢大声朗诵或小声吟诵英语作品,这就要求首先熟悉掌握英语的基本声音元素。每个字都有重音,重音搞清楚了,说出来别人就懂,再把基本的元音辅音发清楚就好。遇到一个生词不知道怎么念?现在很多电子词典(欧路、有道、必应等)都配有单词发音功能,点击播放就好了。朋友和学生还推荐了 forvo.com 和 howjsay.com,

都是在线的有声词库。

其实网上有很多资源。希腊名字在英语里怎么念？古英语怎么发音？爱尔兰英语怎么念？相关的音频和视频可以在 YouTube 上找到很多。遇到好的英文音频可以跟着大声朗诵，多重复几次。语音语调方面女生掌握起来一般比较轻松，但这并非定论，因人而异。

看美剧和英剧当然也有助于提高语音，不过效率比较低，不如看剧的时候多注重影视艺术，另外专门找语音教学音频去练发音。美音、英音或其他英语口音都可以通过模仿学会，不过初学的时候最好先选定一种，坚持学一段时间，以后有机会再尝试操练其他英语语音。

2. 词汇

我初中的时候喜欢听英语广播，当时还有上海人民广播电台的初级英语、中级英语这些教学节目，也会看看《新概念英语》的课本，还有经典英文小说的删节版。现在可以练习英语阅读和扩大词汇量的方法更多了，很多人总结了有用的英语学习网站。不过这么多网络资源容易令人眼花缭乱，每个人按照平时自己的专业和兴趣，每天锁定几个网站就可以了。如果你喜欢看新闻文化类文章，就去 aldaily.com，The Guardian，Economist，New Yorker 等网站；喜欢体育新闻或者外国明星八卦，那么就去 slate.com，salon.com，buzzfeed 这些门户网站的娱乐体育版；或者也可以上 ao3 网站看同人小说。不论什么题材的文章，能吸引你阅读就好。阅读的时候一般不要查阅太多生词，能读懂就好。每天查阅 10 来个生词或短语就已经很多了，能记住 1～5 个就不错了。查阅到的新词汇、新短语最好记录一下，以便回头多多复习。现在的大多数电子词典都有生词本功能，可以随时记录你查阅过的生词。遇到难点词，可以停下来稍作研究。

不过增加词汇量也不能只靠阅读（除非你从小就在读），要背专门的词汇书（托福、GRE 词汇等），或者找特殊的分类词典来帮助记忆。《韦氏词根字典》（*Merriam-Webster Vocabulay Builder*）、*World Power Made Easy*、*Verbal Advantage — 10 Easy Steps to a Powerful Vocabulary*，都是很好的较为初级的词汇书或词典，外研社也已经引进。

偶尔遇到有些难度、用法和意义比较复杂的词可以停下来看完整的词典释义，多找几个例句，以加深理解。记得以前有人问过 engage 这个词的用法，如果查阅词典并整理例句，你会发现 engage with 表示探讨一个问题或与他人探讨，engage in 表示从事、进行某一行为，engage 单独用作及物动词表示与比较被动的受众进行互动。

研究单词用法的时候，有时可以借助比较好的语料库，比如说英国国家语料库（British National Corpus，BNC）、当代美式英语语料库（Corpus of Contemporary American English，COCA）、时代语料库（The TIME Corpus）。在语料库中输入某词，可以查到原汁原味的当代例句。

阅读水平尚在提高的同学可以看看少儿读物，虽然语言简单，内容常常比较深邃，比如《夏洛的网》（*Charlotte's Web*）、《绿山墙的安妮》（*Anne of Green Gables*）、《绿野仙踪》（*Wonderful Wizard of Oz*）、《爱丽丝漫游仙境》（*Alice in Wonderland*），尤其是后两本不可貌相，简单而不平凡。关于经典文学作品，市场上有不少英语分级进阶读物，适合不同词汇量水平的英语学习者按照自己的能力和需要进行选择。有许多专门设计给少年儿童的分级读物，如"企鹅英语分级阅读"（Penguin Young Readers）和"培生英语分级阅读"（Pearson English Graded Readers）；成人学习者可以自己给文学经典原版图书分级，循序渐进地阅读。Wordsworth，Signet，Bantam 等原版书系都包含大多数重要的英语文学经典，也经常有网友为这些经典分级，并将结果公布在网上，很容易查询。水平高的同学也可以跟着比较靠谱的书单来通读西方文学和思想史上的经典。书单很容易找，可以去美国著名高校网站找他们公开的通识课书单，哥伦比亚大学的 Literature Humanities 和 Contemporary Civilization 课的书单就可以在网上下载，有兴趣的同学可以跟着这些书单阅读。补充一句，到了大学阶段，如果英语阅读能力达到了比较高的水准，那就不必要在接触原文为英语的作品时都读原版，读英语毕竟会大大减慢阅读速度，限制阅读量，为了兼顾阅读量和英语阅读能力的训练，可以有选择地读原版书，也可以以中译本为主，同时阅读相对应的原版书中的重要篇章。

哥伦比亚大学 Literature Humanities 课程书单

哥伦比亚大学 Contemporary Civilization 课程书单

3. 语法

语法是一件优美的事，它不是强制性的规则，而是关于用词和句型规律的理论。和所有理论一样，以简洁和与经验相符为美，一般喜欢总结规律的人都喜欢语法。语言有着可以察觉和归纳的规律，有的相当微妙，需要比较高的天赋才能领会，但大多数语法规则一般学生都可以掌握，做到基本不犯语法错误是完全可以做到的。

以前有友邻推荐旋元佑的《语法俱乐部》，的确是一部生动简明的语法入门书。比较经典的语法书包括《朗曼英语语法》(L. G. 亚历山大著)和《牛津实用英语语法》(约翰·伊斯特伍德著)等。语法书种类繁多，只要是清晰简明、口碑较好的都可以用。

但学习语法的关键不在于挑选语法书，而在于理解语法作为语言"身份"的重要地位。

所谓学习英语语法，搞清楚动词怎么用最重要。美国诗人庞德说过英语讲究动词，中文讲究名词，他的理论并不严谨，不过可以聊备一说。不同于中文，英语中同样的动词在表示过去的事、将来的事和已经完成的事时，字形会有所变化。动词还有个语态问题，被动语态和虚拟语态也需要动词进行变化，或者和助动词进行搭配。另外，动词可以加 ing 变成动名词（就是说动词也可以变成名词），加 ed 变成过去分词，它们各有什么用途要弄明白。名词要搞清楚什么时候加冠词 a/an/the，什么时候不加冠词。基本明白就好。

当然，最重要的语法问题是英语句子的结构，尤其是复杂的长句子。很多人阅读缓慢就是因为对句型不熟悉，单词看得懂，但不知道句子的意思。所谓长句，就是复合句，句子里面套句子，里面套着的句子就是从句，即从属句。从句是英语不同于中文的一个核心之处，英语和许多其他欧洲语言都有拉丁语语法的痕迹，所以一个句子不能随便写。

中文可以说："我觉得你应该告诉他，对你有好处。"英文不可以这么松散，"对你有好处"这句话缺乏一个名词做主语，改成英语就必须说："I think you should tell him, which can do you good. " Which 所引导的就是从句（即结构上次要的句子），which 在这个从句里面担任主语的角色，也代表前面"you should tell him"这个概念。

英文严格的语法（比如说每个从句都要用一个词来引导）与中文的自由随性之间反差明显。英文写多了，再写中文也会变得僵硬，有翻译腔。中文是可以随时创造句型的，它绵延柔软的特性会让学英语时间长的人很不习惯。这里我们举一个中文句子的例子，来自张治老师的《蜗耕集》——我刚好在看的一本书，其中有一句（属于书中较短的句子）：

  基督教信灵魂不灭，肉身在死后消亡，但丁所见乃是幻影，然而一连三次，则体现出情感的激动热烈，又显示出这种热烈的徒然。（187—188）

  这就是中文，虽为白话，古风不减。一连串短句组成一个长句，不需要专门的引导词来引出各短句，只用逗号分隔，也不需要明确表达各短句关系的语言元素。万能而泛滥的逗号就是白话文的可爱之处。如果把这句翻译成英文，是不好办的，必须按照主次因果关系等重新组织，可能还要分成两三个句子。首先，要想清楚前面三个短句表达什么关系，姑且算是弱因果关系的话，那么可以这样翻译：In light of the Christian belief in the immortality of the soul and the inevitable decay of the physical body upon death, what Dante sees is nothing but a shadow.

  接下来的内容只好另起一句，另起的时候要加个主语，补充"幻影"一词，"则体现出"开始的这段正好可以翻译成从句。因此可以如是翻译：And yet the shadow comes up thrice, which shows the intensity of Dante's ardor and its futility.

  总之，要真正掌握英文语法，得从根子上去理解。语法二字体现了汉语和英语之间的一个根本区别。为何中文没有独立发展出成文的语法，没人说得清楚，但我们知道的是中国人对英语语法一下子就能理解，而且学多了连中文都看不顺眼了，可见中国人的头脑和英语语法是很兼容的。而且正因为有中文的背景，我们对英语语法会有更多跨文化的深刻见解。

  所以，我以为精读一篇英文文章的时候，可以想想里面的每一句英文句子如何翻译成中文，在中文里该怎么表达，这样学习效果会比较好。我上课的时候也会让学生自己找阅读材料里的重要句型（我们上中、高级英语课有份固定的教材,各位老师自己也会补充课外读物),尽量想想它们在表达上和中文的差别。

不过有一点必须申明,语法是语言中散见的规律,并不是铁律,也并不完全支配语句的形成,语言习惯也很重要。很多句子和短语符合语法,但不是从语法中推演出来的,符合语法的句子不一定符合语言习惯。所以切忌将学语言看成编程,觉得了解了语法就可以自己造句子,必须要大量阅读英语文章或著作,潜移默化,才能写出符合习惯又符合语法的好句子。

4. 听力

等我们对英语的语音、语法和词汇都掌握得比较好的时候,就可以多练听力了。如果需要参加什么考试,可以进行专门的培训与复习,掌握考试技巧,不需要参加考试的学员可以去网上找有意思的英语视频,一边听英语一边了解外国历史文化时事,比如可以用"VOA 慢速英语"、"VOA 常速英语"、"BBC 英语教学频道"和"BBC 纪录片"等关键词搜索视频。"每日英语听力"、"可可英语"和"朗易思听"等练听力的手机 App 应用也比较有用,另外还有很多播客(Podcast)值得一听,比如 New Yorker: Fiction, World Book Club, A Good Read, Open Book, The Essay (BBC Radio)等。

二、读了一百篇文章,还是不会写

正当你觉得自己英语还蛮好的时候,问题就出来了。即使你坚持阅读聆听很长时间,到了一个时刻还是会痛苦不堪,觉得遇到了瓶颈。我高中的时候也特别苦恼,觉得英语这个东西再也无法继续提高,阅读没问题,听力还可以,但要写出说出丰富的英语很难。

我这个痛苦多年以后才得以解决,英语的提高需要长期的积累和自我训练。不管你是否出国留学,整体提高英语能力的方法就是不断观察思考母语人士的书面和口头语言习惯,不断操练,举一反三。人在国内也可以慢慢提高,最后突破瓶颈。

没有什么专攻英语写作或口语技能并在此语言输出能力上获得突破的可能。如果阅读能力一般,写作自然无法优秀,写作一般,口语也会比较平庸,即便说话流利,其实也不过是说熟了几句在特定场景内使用的话,不能推广到其他场景。

推荐一个英语学习者突破写作能力瓶颈的方法:做长篇中译英练习,以翻译养写作。具体来说,就是找一本优秀英语读物(或短篇英文文章)的优秀中译本,然后把译本回翻成英文,译完后与母语原版对照,寻找差距,思考不同点。

比如一开始可以使用《格林童话》英文版和中文版做翻译练习。我在复旦外文学院任教的时候曾让班上学生用桑塔格的 *On Photographer* 和中译本《论摄影》做这个练习,桑塔格文章的好处在于文字兼具学术深度和动人文采。也可以用门罗的小说作为练习,适合想学习文学性散文或故事写作的同学。翻译《逃离》和原文对照就可以。

对文学研究有兴趣的同学可以使用亚伯拉姆斯的《文学术语词典》(*A Glossary of Literary Terms*)做回译练习。这本书是中英对照版,用起来很方便。回译几个词条之后就可以对文学术语和文学研究及评论的常用表达和句式有所了解。

根据自己的兴趣,你还可以选择任何中英对照的读物来做这个练习,但要搞清楚你想锻炼的文体,是论述文、随笔、叙事文,还是小说,然后有针对性地练习。

除了回译之外,还可以借用富兰克林曾介绍过的办法。那就是看到一篇好文章后,做笔记整理文章的主要脉络和情绪转折,过几天根据笔记用自己的语言将文章重新撑开,写完后与原文对照,分析自己在词汇句型表达上的缺陷。没人帮着改英文写作的时候,用这个方法来自我训练也是不错的。

这样的练习会让你感受到切实的提高,若只是自己写,进步不明显,也不可能经常有名师来给我们反馈或指导。当然,在做回译和重写练习的同时也应该多写英文习作,写几篇散文,写几篇论述文,写作文前先找几篇相关体裁和主题的范文来研习。范文找什么样的,多问问人,不要病急乱投医。

三、口语和写作都是输出

写作加强后,口语也会得益。英语口语就是即兴版写作,口语再好的人大概也只能发挥出写作水平的六七分。一般刚开始讲英语的时候,只能发挥出自己英语水平的二三分。这是因为把英语技能变成可以瞬间调用的语言习惯需要反复操练。

大多数时候,日常英语会话学起来相对容易,多记忆就可以。如果到了英语环境,浅层交流的话语也能较快掌握。(深层交流那就不只是语言问题了,而是文化储备和文化心态的问题。)

更难也更重要的实际上是演说类的口语,也就是在公众面前发言。这样的口语必须在写作提高的基础上才会提高。

这里我再强调一下个人见解:没有单独提高口语的方法,英语能力总体一般,写不好英语作文的人单独练英语口语也没用。

公共演说如何操练?不能随便想个题目然后开始说,没用。还是要从写作入手,给自己一个题目,经过思考后写一个比较详细的演说大纲,并利用平时课余时间在脑海里丰富大纲的内容。接下来还有一个步骤很重要,那就是模拟演说(mock presentation)。模拟演说前可以把大纲做成PPT,也可以写在纸上,说的时候给自己规定好时间,中间即使有磕磕绊绊,也不要长时间停顿。为了提高模拟演说的效果,也可以请一个温和的朋友扮演听众。模拟演说对于提高正式演说能力的作用是很大的。锻炼口语最好的方法不是即兴发言,也不是照本宣读,而是在有准备的情况下临场表演。

模拟演说的时候也可以给自己录音,讲完后回放。觉得什么地方说得不好,就考虑一下如何提高,每次记下笔记,以求长期记忆。比如说你发现你老是说"suffer"这个词,就可以想想有没有其他词语或短语可以代替。这样长期积累的话,口语中能够快速调用的词汇就会更为丰富,每一次讲演都会有所提高。在复旦上课的时候我就让学生这样操练口语,即使一个人在家也可以训练自己。

时不时也可以去网上找一些经典的公共演说类视频,不是看政治家背诵讲稿,而是要找各类外国人访谈或公开讲座类(很多讲座不是宣读文章,而是借助PPT讲解问题)的视频。很多网上优秀的英语公开课程也是非常好的学习材料,老师上课就是在有准备的前提下进行发挥的最佳口语范本。

学语言就是学一种新的文化和文化心态,学好的话外语和母语之间会产生一种奇妙的化学反应,你的整个语言和文化观都会改变。而且具体结果因人而异,无法预测。

以上就是我写给喜欢英语的人们的私房话。阅读、口语、听力等侧面之后还会详细探讨,此处只是"望断前路"而已。

英语专业的良夜

当英语似乎成为大众学习目标的时候，英语专业有什么用，这是很多人心中的疑问。英语专业肯定有危机，主要是因为全国开设英语专业的学校数量十分庞大，很多英语系的师资力量难以得到保证，教学水准自然会出问题。学生的就业出路也因学校而异，好的英文专业会培养不少出国攻读研究生的学生，也会有学生通过多次实习找到比较理想的工作，但这样的机遇很多英文专业的学生并无法分享。在硕士和博士层面，也正在出现报考人数减少的情况。随着各学校增设翻译硕士的项目，很多原来会考英语科学硕士的学生转考翻译硕士。大多数人学英语有着非常实用的目标，所以讲究基础研究的文学和语言学类的硕士博士受冷落也并不奇怪。

我本科时在复旦英文系就读，2013年回国后在母校母系任教三年，对英文专业的困境有比较切身的体会，英文专业招生的时候往往会招来外国语中学毕业、英语能力还可以、但对语言或文学并不感兴趣的学生。即使没有因为专业点过多或生源芜杂而导致的问题，英文专业本身也比较尴尬。英文听说读写的功力，并非一两年内可以通过课程来提升的，说与写尤其困难，必须要经年累月地努力才有起色，所以读英文专业的成果在一时内无法准确衡量。但我在前一篇文章中就提到，学外语并不怕慢，基础稳固最重要，到了一定程度后自然会加速度提高，也会对继续学习其他外语有好处。

我转入华东师大中文系当然有不少现实的考虑,但也有想要拓宽自己教学和研究领域的想法。不过这绝不意味着我认为英文专业已经没有意义,也不值得去选择了。我觉得如果有志于研究文学、文化或语言学的同学,还是很可以考虑国内比较好的英文系。毕竟英文写作和口语在英文系能得到最充分的锻炼,英语的输出要纯粹依靠自学需要相当大的毅力和更长时间。英文系的文学和语言学课程也都是有用的,还可以选修其他觉得有趣的课。到了研究生和博士阶段可以更为注重思想和知识面的广度,或者改学新闻学、法学等其他专业。

那么我理想中的英语专业是怎么样的呢?其实这个问题也可以换一种方法来问。如果你有一段时间可以奉献给外语学习,并且也因为其重要性而充满动力,那么你最想能学到的语言能力是什么呢?当然是听说读写这些能力,但这些技能达到高峰的时候是什么样子的?凡文字工作者和爱好者都非常向往能理解文字的潜藏之义、弦外之音,也希望能随心所欲在不同的文字风格之间切换。从乔叟的《坎特伯雷故事集》到乔伊斯的《尤利西斯》,文学不仅是对思想和想象力的致敬,也是作家倾尽自己的语言能力在不同文体间纵横的孤傲战役。

所谓不同文体,就是用不同的字词排列方式营造高低雅俗、庄谐怨怒等效果。在中文里我们或许可以比较自然地在不同文体间游移。

比如,唇齿刻薄的人可能这样嘲弄英文专业的人:懒驴进磨道,自上圈套。他们就像瞎眼的驴子围着磨坊转,碾过一道道沟,多好的东西也会磨得面目不清。等外面的世界走过一个年轮,他们的口语和写作能力仍然没有起色,还是听不懂外国人的笑话,用英语一讲电话就结巴,就怕别人问专业是啥。别人提起保罗·里维尔①,他们以为是画家,说到白鸟库吉②,他们以为是影帝。

或许可以这样辩驳:坊间尝热议,习外语者难成大器,盖谓语言之习得有如竹头木屑之积,假以时日,自然功成,而专志于此,不免有遗于大道。初闻之下,不禁哑然。须知语言之习得断非积薪可比,而语言本身又岂仅形下之器?语言乃云中之水,风中之气,事物不可或缺之经纬。根情、苗言、华声、义实,白傅之言,允为千古不磨之论,试问欲得奥义之实,又岂能不悉心培育护持语言之苗?舍苗焉得实!而况外语实为汇通东海西海之舟楫与津梁,又岂可轻忽?当今之世,不习外语者绝难成大器,可以断言矣。

或者也可以这样辩驳:学外语的人要懂得低头才能看到一片天。还记得大学里经常要绕着操场跑步,很多人速度很快,但只在考试的时候发力,而那些在平时没人监督的时候仍埋头苦练的学生,才有可能成为长跑健将。不要小看一项单一的技能,一通百通,远胜于四面出击,不求甚解的做法。语言至少是工具,用起来很称手。况且语言不只是工具,它影响到我们观看世界和表达自我的方式,语言决定了我们做什么样的人。

如果我们在英语中能像在中文里一样使用不同的文体实现不同的修辞效果,渲染不同的感情色彩,那就是迈出了跨越文化隔阂的重要一步。我在复旦教授高级英语课程的时候,会在写作训练中注重文体的切换。我会让学生按主题写一个段落,如建筑和空间,要求他们在阅读范

---

① 保罗·里维尔(Paul Revere,1734-1818),美国籍银匠、早期实业家,也是美国独立战争时期的一名爱国者。他最著名的事迹是在列克星敦和康科德战役前夜警告殖民地民兵英军即将来袭。
② 白鸟库吉(1865—1942),日本东洋史学奠基人,东京文献学派领袖。北方民族、西域史、中国神话研究的开拓者,著有《契丹女真西夏文字考》等。

例（狄更斯、奥威尔等）的基础上模仿写一段客观描述的段落，随后再改成从一个行动中人物的视角出发的充满个人回忆和情感的描述。

下面举一例。这两段是我自己写的，都与复旦大学第五教学楼有关，第一段进行客观描绘，第二段进行主观描绘。

1) Most of my teaching at Fudan takes place in a yellow concrete four-storied building spanning 100 meters in width, referred to plainly as Instruction Building No. 5. There are two entrances on the first floor, facing each other, on the east side of the building. The building can also be entered through the Humanities Hall, linked to Building No. 5 by passageways, one on each floor, on the west side. The bridging structure forms a rectangular space with the walls of the two buildings, which is often used as a small garden, with a corner for parking bikes. At the west end of the first floor of Building No. 5, there is a notice board, covered routinely in large-sized flyers for lectures, contests, and elections. The cement stairs are plain, almost crude, lined with plastic railings, twice as broad as standard stairs in multi-storied buildings that you may find on quaint college campuses in Europe or America. With no paint or carpeting, though, the stairs in Building No. 5 are at least pleasantly odorless. The hallways are just as nondescript and bare, but the humble wooden doors on both sides open onto surprisingly well-equipped smart classrooms, differing in size and seating arrangements, though invariably furnished with a white podium, remotely controlled from a certain room in an adjacent building.

Seats in the classrooms are rarely sloped as in film auditoriums, but an instructor can see every student and engage the class when she makes an effort.

2) She steps into a classroom on the fourth floor of the No. 5 building, where she attended courses as a college student many years ago. Long separation often makes places from one's childhood seem smaller than how they are remembered, but buildings from college days don't shrink that easily. Nevertheless, she's no longer intimidated by the idea of taking control of the room. She takes her place comfortably in front of it, standing on a slightly raised platform. For the next two hours, this will be her stage. It's a modest and limited space that she has to share with an over-sized white podium, but it brings possibilities like any other stage. Nothing but sudden wafts of smell and noise from outside the big windows punctuate the magic of this bubble of a room. When she opens the lid of the podium, a screen rolls out from the scroll on top of the board and comes down to its bottom edge, reminding her of a full sail on a sloop, with herself as the captain. Rows of seats unfold in front of her, all taken. She knows that she belongs here, right in front of the room, and only she knows how long it has taken her to feel this way.

任何写作练习都最好先有范文，然后就现成的材料进行写作和改写，有时候也可以直接改写或概括其他文章，或者与回译练习结合起来。

花多年功夫有望逐渐学会用不同语言风格来描绘、分析不同事物。这样的功夫在课堂之外也是可以自己进行的。即使读了英文专业,在大学期间也就是上道而已,后面还有很长的路要自己走。如果在大学期间或是之后有机会出国交流,那当然会对各方面能力的提高大有助益。出国在很多情况下需要较为丰厚的经济实力,不过凭借国家资助或国外高校助学金出国读书也是完全可能的。①

我理想中的英文专业就是这样,以听说读写能力的系统提高为基本要求,以对文体的拿捏为最高标准,同时还有对文学、文化等领域的初步接触。而既然谈的是理想,就不是非要在具体的英文专业框架中实现,只要给自己足够时间,有一定基础,也可以通过自学来触碰英语学习的制高点。

以上说的这些在有些人看来可能过于务虚,若如此,也是因为我对语言的爱所致。在我看来,小到日常待人接物,大到与公众交流,都需要高超的拿捏语言的能力,不论学习母语还是外语,都是美不胜收的事情。可惜的是,许多学生出于现实考虑,明明有语言天赋和热情却不选外语专业,还有些学生显然更应该学其他专业,却被硬生生拉进语言专业,这都是无奈的错位。

若是错位了就尽快扭转过来吧。经常有人问我如何在工作以后重拾读书的梦想,这本来不难,但如果有家庭等因素要考虑,就会比较复杂。还是祝福大家在年轻的时候能尽快找到符合自己能力和兴趣的道路,有真正靠得住的朋友和师长襄助,对外界评价和世俗压力有抵御能力。在一条道上坚持走下去,应该会找到自己的满足。

---

① 本书第四辑有实用申请技巧的介绍。

如何跨越英语听力障碍

英语听力再强的人也不可能听得懂所有的英语,不过他们可能更清楚为什么有些话听不明白。

有一次和一个美国朋友吃饭,饭后我说:"Would you care for a coffee?"他说了一句话,让我有些迷糊:"Maybe a shock prod."我觉得他应该在说某种咖啡,可是感觉这个词不像,让他重复了两遍后终于明白他在开玩笑,意思说咖啡都不足以使他清醒,大概只有电击棒才有效了。我没反应过来因为他说笑话的时候神色过冷,也因为"shock prod"不是我经常看到或使用的词汇,虽然读的时候可以比较快反应过来。

这说明,如果你听不懂一句英文,多半是因为你对其中的词汇和短语不够熟悉。

面对书面文字的时候,我们可以通过反复阅读来理解较有难度的词句,聆听的时候就很难立刻理解,而在阅读中从没接触过的单词和表达方式就更不可能通过听觉吸收。因此,提高听力的关键还是坚持进行泛读训练,每天读两三篇符合自己程度的英文文章,从中提炼出几个单词或短语加以记忆,日积月累,必然会逐渐拓展在听力中可以理解的语言材料,培养起"语感"。其次重要的是自己要发音准确,多接触正确的语音语调,熟悉连读、省略音节等发音现象。最简单的方法大概就是下载电子词典,并经常收听以语言文化为题材的英语播客。

除了多听多练,还要特别注意以下两个特殊的听力难点:

1. 专有名词

有一次,一个朋友很快地说了一个书名:*The Rise of Silas Lapham*,我一下子没反应过来,虽然是 W. D. 豪威尔斯(William Dean Howells)的名作,但我从来没读过,自然印象不深。

还有一次,听 New Yorker:Fiction 播客,嘉宾读纳博科夫的故事《普宁》(*Pnin*,后来成为了小说《普宁》的第一章),里面有很多句子很难听懂:比如 innocent-eyed students in an atmosphere of Mother Volga songs, red caviar, and tea。Mother Volga 是伏尔加河/母亲河的意思,阅读的时候或许能很快理解,听的时候很难立刻明白。

这提示我们,一定要博览群书,广泛涉猎,对专有名词要记精确。长期耐心地积累就好。

2. 俏皮话

还有一次,一个美国学者在学术演说中用到一个短语,"Reagan's open sesame"(里根总统的"芝麻开门"),我也没明白他的意思,后来查了资料才知道里根在冷战结束前曾喊出口号"tear down the wall"(推倒柏林墙),所以有些人就嘲笑他自以为有法力,说一句"芝麻开门"墙就能倒。

为了适应俏皮话,学习英语中的梗,可以多看脱口秀节目。优酷上有一些英语脱口秀,也有字幕翻译,不过经常翻错漏翻,最好是用纸遮住,自己听,遇到难点停下来查。其他网络平台上可以找到更多英语访谈和演说的视频。

为了说明英语听力中的难点,我们可以举《柯南秀》(*Conan O'Brien Show*)里的一个梗为例。在节目中,柯南嘲笑柯林·法瑞尔演技差,在《真探》(*True Detective*)剧集的第二季里差强人意,比第一季的主角麦康纳(Matthew McConaughey)逊色不知多少。所以麦康纳可以出演林肯车的广告,法瑞尔只能做奥斯卡·迈亚(Oscar Mayer)香肠公司制造的香肠车的广告。

搜狐视频

搜狐视频有这一期的《柯南秀》(2015年11月5日),其中,8分50秒—9分28秒是柯南嘲笑法瑞尔的虚构广告。广告的独白有一处翻译错误,有一处没有听出来,有一处没有翻出语境。

首先,对应"You can never fill the shoes that were left behind"的这句字幕错了,翻译也就跟着错了。要知道 fill the shoes 就是赶上某人、取代某人的意思,这句话表示"你永远也赶不上已经离开的那个人(就是嘲笑柯林·法瑞尔赶不上前任)"。

后面出现了两句话:My bologna has a first name,……(省略号表示没有字幕)。这里第一句字幕的翻译("我的香肠有名字")属于直译,让人不知所云。的确,如果没有语境,这两句很难理解。这时,可以去网上查一下"My bologna has a first name",就会发现原来这是迈亚香肠公司早年广告里的一个梗,他们让小孩子唱"我的香肠有一个名字,叫作 O-s-c-a-r"。

可以理解,柯南制造的虚构广告就是在戏仿早年迈亚香肠公司广告的风格。那个听不清楚的部分是对广告里"O-s-c-a-r"的戏仿,将它替换为对另一个名字的拼写,朝这个方向去想想,或许可以听出来原来是"b-u-l-l-s-h-i-t",就是 bullshit。

这个例子说明,要真的听懂英语,必须掌握其中大量的梗，没有办法，只有多查找网络资源，多浸润于日常英语的世界，这和掌握中文梗的道理是一样的。

锻炼听力还可以听写歌词，舒缓的歌比较好，当然也可以逐渐听嘻哈乐，听写歌词可以训练我们对连音和不清楚口音的承受能力。迪卡普里奥版的《了不起的盖茨比》插曲"Young and Beautiful"这样的歌就比较适合做听写歌词的练习，曲调舒缓，又经常会有连音的现象。英语原版电影往往也比较难懂，等听力增强后，可以尝试听写原版电影片段。

我基本上还是一个视觉型的人，对看过的东西记忆比较深刻。也有人属于听觉型，可以多听电子书。当然，能找到一两个说话风趣、思想丰富、又耐心厚道的英语母语人士做朋友那就更好了。无论如何，多与英语人士交流总是有利于提高英语技能的。

> **小贴士**
>
> **听力资源**
>
> 除了充分利用有声词典中的声音功能，也可以借助许多其他材料：
>
> 1. 书虫系列英语有声书（很容易购买）
>
> 2. 网络直播的电台节目，如 BBC-radio 4（BBC 广播文艺频道），NPR（美国国家公共广播）
>
> 3. iTunes 上可以下载的有声书等
>
> 4. 播客（podcast）和手机应用：
>
> 1）The New Yorker：Fiction（不同作家读其他作家的短篇小说，很有趣，也能提高英语听力）

2）BBC World Service：World Book Club（当代作家访谈）

3）BBC iPlayer Radio 应用（可以收听 BBC 各类频道）

4）Soundings from the *New York Review of Books*〔作家对谈和访谈，包括奥巴马和女作家玛丽琳·罗宾逊（Marilynne Robinson）的对谈〕

5）"每日英语听力"、"可可英语"和"朗易思听"应用（英语文章片段听力训练）

以上列表可以无限延展，一般重要的英语书评期刊和公共英语广播电台都有自己的播客，有兴趣的朋友们可以不断探索尝试。

英语阅读的道与术

我曾在微博上转发了一个因学术结识的美国朋友拍摄的近日来所读专著的照片，称赞她为了研究一天至少能读十几本书。这可能会引起误解，让大家以为我特别肯定快速阅读。其实阅读速度不需要强求，等截止期(deadline)迫近的时候，你自然也会摒除杂念，乃至一目十行，挑重点快速浏览。若读文献，可注重绪论与精彩论证片段；若是长篇小说，则可以适当参考情节梗概和历史背景介绍，这都颇为正当。

且我也专门写过依靠精读掌握生动英语表达的方法(见后文《轻便才能运动：动词短语和短语动词》)，可见每天总也要有半小时花在精读上。阅读速度不是唯一重要的东西。

不过，凡事都有"道"与"术"的两面，大道理就是上面这些。那么术的部分，还是要分怎么读、为什么读、读什么这几个问题。

一、怎么读：英语阅读的基本技巧

阅读理解最大的障碍肯定是长句。理解长句的关键是把句子每部分之间的关联弄清楚，这当然要依靠基本语法知识，而更重要的是要将名词的指代理解精准。

有一次一个朋友问我下面这句摘自吉本的《罗马帝国衰亡史》的话

如何理解：

> "... the images of the Roman emperors were adored with civil, and almost religious, honors; a reverence less ostentatious, but more sincere, was applied to the statues of sages and patriots; and these profane virtues, these splendid sins, disappeared in the presence of the holy men, who had died for their celestial and everlasting country."

这句话的大意是：罗马皇帝的雕像总是被世俗和宗教荣耀所包围，但人们总是把更为真诚的尊重倾注于贤者和爱国者的雕像，在这些为国捐躯的圣人面前，（帝王们）所拥有的俗世美德（profane virtues）和犯下的滔天罪恶（splendid sins）都被洗涤干净。

理解这句话的关键有两个：1）知道这句句子有三个并列的分句，用分号间隔，后面两个分句描写的都是同一类人（sages and patriots）；2）知道 these profane virtues 和 these splendid sins 指的是前文所说的罗马皇帝的世俗美德和令人瞠目的罪行（而不是普通人的）。

对待任何长句都要注意句子结构的分析，也要厘清句中出现的名词和代词到底指的是什么。

当然，阅读能力的提高还要依靠词汇量的扩大。我觉得除了每天在阅读中摘选几个词记忆之外，也可以专门背词汇书，我考 GRE 之前就背过 GRE 词汇书，现在背词汇还可以借助电子词典来查找例句（必应、有道、欧路等电子词典都为不少单词配置了例句），用例句来加深对词汇的理解和记忆。

二、为什么读：阅读与思维

我阅读的根本目的就是想知道别人是如何思考和感受的，附加学习知识。

读理论（哲学、政治理论和文化理论等）可以学会或加强"科学"思维的各种模式，这里所说的"科学"思维主要包括两个步骤：1)将历史或日常生活中观察到的现象（包括语言现象）用现有的某种概念加以表达（比如把孩子哭叫称之为"寻求安全的本能"）。2)然后反过来用现象中包含的复杂性来充实、重塑原先使用的概念（比如说论证孩子如果不因为大人走开而哭叫，则意味着内心更为不安全，所以哭叫实际上是"安全感的表达"，并非对安全感的寻求）。这里举了一个很庸常的例子，不过一般理论思维都走这个"科学"的套路，同时夹杂对于之前理论进行回应等次要步骤。

而读小说、诗歌、戏剧这些文学体裁，关键在于培养联想思维、视觉化能力（将字词转变为头脑中的画面）和想象他人内心等能力。经常有人说现代主义及其之后的诗歌很难理解，有个重要原因就是他们不明白现代主义诗歌的结构原理，理解的话就比较容易做出整体的解读，而不再囿于个别难词。

简单来说，有些现代主义诗歌（如艾略特的《荒原》）是一幅拼贴画，不同的声音和场景拼接在一起，但贯穿着同样的隐喻（男性活力的丧失，以及在水中死亡和重生），而有些（如奥登的早期诗歌），则把拼贴画的原则运用于句子的层面，每个诗句内部都显得比较破碎，但碎片之间都有可以言说的关联。如奥登名句："The glacier knocks in the cupboard,/the desert sighs in the bed."灵光闪现，冰山与碗橱并列，沙漠与卧床相邻，显示私人生活的小确幸难敌沧桑巨变的大灾难，实无确幸可言。

三、读什么：文质俱佳的作家和批评家

不论什么专业，读自己专业内的英文书应该是不错的选择，也最好在自己专业内的写作者中挑出思想和文采俱佳的那一部分人作为范例来研究。

以下并非详细书单或作者列表，只是推荐几个最有光彩的人文学者和评论家，分享一下对他们的喜好。

丘吉尔的四卷本《英语国家史略》（又名《英语民族史》）(A History of the English-Speaking Peoples)。丘吉尔因此获得诺贝尔文学奖，着实不容易。这部作品对叙事写作有着十分巨大的启示，其中的每一句话都可圈可点，也不难懂，同时可以借以了解英国史的大致轮廓。在此摘选第一卷中的两句：

1. Caesar's vision pierced the centuries, and where he conquered civilisation dwelt. 恺撒所到之处，文明便得以安家。

2. Evidently, for prolonged, almost motionless, periods men and women, naked or wrapped in the skins of animals, prowled about the primeval forests and plashed through wide marshes, hunting each other and other wild beasts, cheered, as the historian Trevelyan finely says, by the songs of innumerable birds. 远古时代，男人和女人在原始森林中游荡狩猎，在宽阔的沼泽地里四处扑腾，捕猎猛兽也互相捕猎，以及，如历史学家特里威廉所言，高兴地聆听林间百鸟齐鸣。

文学评论家里也有一些十分有能耐的，既思维缜密，又能以语言游戏增华。像埃德蒙德·威尔逊（Edmund Wilson）、普利切特（V. S. Pritchett）、桑塔格和詹姆斯·伍德（James Wood）、约翰·萨瑟兰（John

Sutherland)之类游走在学院和媒体之间的评论人仍然需要回顾。许多作家也是相当出色的评论家,《希尼论诗歌》《卡尔维诺论小说》等,都是文论中的精华。

当代批评家中,推荐查尔斯·伯恩斯蒂恩(Charles Bernstein),他本身就是诗人,思想也很锐利。在《进击的艰涩诗歌》(*Attack of the Difficult Poems*)一书中,他用了不少有趣的语言游戏,比如 flogging a possibly never living horse(改自 flogging/beating a dead horse,原义是抓着一个已经过时的思想不断攻击,十分无聊,经过改动,变成抓着一个原本不存在的东西不断攻击,更为无聊)。他也把 reading 改写为 Wreading,这是一种类似写作(write)的阅读,是主动性阅读、参与性阅读。

再介绍下艾丽芙·巴特曼(Elif Batuman)。这位女子很有意思,是俄罗斯文学博士,自己又有土耳其背景,在《纽约客》等媒体上发表了许多有趣的评论和其他类型的文章,文笔也多有可借鉴之处。

她最近在《纽约客》上评论法国作家米歇尔·韦勒贝克(Michel Houellebecq)的小说 *Submission*,说"The atheist humanists in Houellebecq's 2022 are doomed, not just to extinction but also to uncoolness"(在小说所构建的 2022 年的世界里的无神论人文主义者无法避免其悲惨命运,不仅要灭绝,也注定要被视为不酷)。这里用了特殊的修辞

有关托尔斯泰的文章

手法 zeugma(轭式修辞法),are doomed to 后面跟了两种不相称的东西,营造出滑稽的效果。

她有一篇谈自己在俄罗斯参加学术会议,调查托尔斯泰是否有可能被谋杀的文章,十分搞笑。

下面再谈一下文学阅读。从长篇小说来说,一般可以从奥斯丁和勃朗特、狄更斯这些语言比较通俗的作家开始。奥斯丁的语言比较抽象,概括性强,也相对好读。遇到哈代这样的小说家就吃力多了,可以作为高级读物。英语短篇小说大师也很多,乔伊斯、海明威、福克纳、奥康纳等,不胜枚举。可以翻阅《企鹅英国短篇小说精选》(*The Penguin Book of the British Short Story*)(上下册)、《剑桥英语小说史》(*Cambridge History of the English Story*),《二十世纪最佳美国短篇小说集》(*The Best American Short Stories of the Century*)等书籍。

中篇小说(novella)经典的不少,可以参考左侧书单。

读最近三十年左右的经典散文集,同样可以参考左侧书单。

要品尝最高的语言才华,还是要回到文学。本书后面有几章就是介绍文学阅读方法和赏析的。但即使读论文和评论,也不一定会是枯燥的事情,找到最好的文笔和思想,便不会对任何语言形式产生厌烦抗拒的心理。

当然,最后也加一句现实的补充。我们都时间有限,学习英语和吸收内容应该尽量兼顾。所以也

经典中篇小说

经典散文集

不一定什么重要的内容都要读原文,如果你学习文学,当然要读原著,比如读一本哈代的原文小说,其他的部分可以借助好的译本,关键段落对照原版,这样比较有效率。

跟着影评练阅读

不论专业爱好，喜欢英语的人都可以读一些公共媒体中的书评或影评，不至于要立刻读学院派论文或文字讲究的文学作品。公共平台上的文章有其独到之处，其中描绘和叙述语言比较多，这类语言的难度本来就高，再穿插夹杂作者自己的分析评论，要读懂就更需要技巧。赏析这类评论中写得最好的范文，对自己的语言运用能力一定有所裨益。

纯分析性文章，我个人觉得比较简单，有针对性地看一些学术论文，掌握关键用语就行了。当然分析性文章对思维能力的要求比较高，所以议论文和学术论文的写作关键在于培养思路和积累材料，需要长期专门的训练。本书第四辑会探讨学术论文的写作问题，有兴趣的读者可以直接跳过去阅读参考。

这里先谈如何从公共平台上的书评影评里学到好英语，举的例子都出自 A. O. 司各特（A. O. Scott）的手笔。他是《纽约时报》的首席影评家，也恰好是著名历史学家琼·司各特的爱子。当然后面这个信息不重要，只是巧合。写好文章不需要教授母亲。他的所有影评都可以在网上找到，已于 2017 年出版了论批评的专著 *Better Living Through Criticism*。

司各特评论《头脑特工队》（*Inside Out*，2015）：

The real action — the art, the comedy, the music and the

poetry—unfolds among Riley's personified feelings. ... Riley's brain is controlled by five busy, contentious emotions: Fear, Anger, Disgust, Sadness and Joy. Each one has a necessary role to play, and they all carry out their duties in Riley's neurological command center with the bickering bonhomie of workplace sitcom colleagues.

最喜欢这最后一句,把《头脑特工队》里五种基本情感的互动比作办公室题材的室内剧里经常出现的同事之间友好的斗嘴(bickering bonhomie),bonhomie就是宽厚仁善的品质。

"Inside Out"... is a movie almost entirely populated by abstract concepts moving through theoretical space. This world is both radically new—you've never seen anything like it—and instantly recognizable, as familiar aspects of consciousness are given shape and voice. Remember your imaginary childhood friend? Your earliest phobias? Your strangest dreams? You will, and you will also have a newly inspired understanding of how and why you remember those things. You will look at the screen and know yourself.

这段讨论《头脑特工队》对普通观众的作用:电影所展现的世界是"radically new"(全新的),也是"instantly recognizable"(立刻可以辨认出来的)。观看这部电影会让你"know yourself"(找到你自己)。我想所有看过这部电影的人都会觉得这句影评说到心坎上了。

评论《布达佩斯大酒店》(*The Grand Budapest*, 2014):

There is no doubt that Mr. Anderson possesses a distinctive sensibility and a consistent visual style ... You will see many of them here: static, densely packed, fussily composed frames; traveling shots in which the camera glides alongside the characters like a low-flying bird; action sequences that refuse the usual digital hocus-pocus in favor of the older, artisanal magic of stop-motion animation, matte paintings and rear projection.

这段罗列了许多描写电影技巧和形式特征的语言,可以好好吸收,融会贯通。如:繁复而严谨的构图"frames",镜头放置比较低、随着人物移动的长镜头(traveling shots in which the camera glides alongside the characters),不用电子编辑技巧(digital hocus-pocus),等等。

Throughout, we are in the fictional Republic of Zubrowka, a mountainous land that cartographers of various eras might have plotted on the distant marches of successive empires... The main story is rendered in narrow, boxy dimensions that evoke the films of its era, which is the 1930s. But there are two frames around this narrative, which is in effect a flashback within a flashback. We start out in 1985, under a late-Communist gray sky in a town of cemeteries and statues. An aging writer (Tom Wilkinson) shoos away his grandson and recalls the time in 1968 when his younger self (Jude Law) stayed at the nearly empty, Iron Curtain-tacky Grand Budapest Hotel and became acquainted with its elegant and enigmatic proprietor, Mr. Moustafa (F. Murray Abraham).

这段先描写《布达佩斯大酒店》故事发生的时代地点背景,然后介绍电影叙事的总体结构。这里有一个非常有用的表达——"two frames around this narrative",也就是说电影里主要的故事外面套着两个套子或框架(frames):电影开头,我们看到一个作家回想起了年轻的自己是如何在布达佩斯大酒店遇见酒店主人,并听他讲故事的;然后才随着酒店主人的叙述看到主要的情节。这种故事中套故事的结构在小说和电影里都很常见,将之描述清楚是门手艺活。

评论《赎罪》(*Atonement*,2007):

> Unlike Mr. Wright's brisk, romantic film version of Jane Austen's "Pride and Prejudice", "Atonement" fails to be anything more than a decorous, heavily decorated and ultimately superficial reading of the book on which it is based. Mr. McEwan's prose pulls you in immediately and drags you through an intricate, unsettling story, releasing you in a shaken, wrung-out state. The film, after a tantalizing start, sputters to a halt in a welter of grandiose imagery and hurtling montage.

这段是以批评为主,这在影评中也并不罕见。司各特认为电影版《赎罪》只是一部装饰性强、视觉效果漂亮的浮夸作品,与原著无法媲美。麦克尤恩的原著"pulls you in, drags you through an unsettling story, releasing you in a shaken, wrung-out state",就是说吸引你,让你穿过一个震人心魄的故事,然后让你精疲力竭,心神黯然(仿佛被绞干一样)地离开故事,但是电影徒有"a welter of grandiose imagery and hurtling montage"(一锅浮夸的影像和快速更替的蒙太奇),难免"sputters to a halt",即像一辆坏掉的车子那样吱吱嘎嘎地停下来。

下面一段因为写得很好,我决定翻译出来,大家也可以自己练习翻译,并对原文加以记忆。

> Joe Wright's "Atonement" begins in the endlessly photogenic,

thematically pregnant interwar period. The setting is a rambling old British country estate where trim dinner jackets and shimmering silk dresses are worn; cigarettes are smoked with sharp inhalations that create perfect concavities of cheekbone; and the air is thick with class tension and sexual anxiety. Heavy clouds are gathering on the geopolitical horizon, which lends a special poignancy to the domestic comings and goings. This charged, hardly unfamiliar atmosphere provides, in the first section of the film, some decent, suspenseful fun, a rush of incident and implication. Boxy cars rolling up the drive, whispers of scandal and family secrets, coitus interruptus in the library, all set to the implacable rhythm of typewriter keys.

　　Joe Wright执导的电影《赎罪》在优美而暗潮涌动的两次大战间歇期拉开序幕。故事发生在一栋古老的英国乡间私宅,那里地盘开阔,里面的人身着修身的晚宴男装或浮光盈盈的丝绸女装,嘴里深深吸入香烟又吐出烟圈,用脸颊骨构造完美的凹陷,空气中弥漫着浓厚的阶级紧张感和性焦虑。由于地缘政治的阴云沉沉地压在地平线上,大家庭内部的攘来熙往,也因此平添一种即将曲终人散的心酸。在电影的第一部分里,这个熟悉而紧张的氛围制造了些许悬念和愉悦,一连串事件和暗示让人兴奋:房车驶上车道,丑闻和家族秘密在喃喃私语中传递,图书馆里一幕性爱被打断,而这一切的背后都能听到打字机不可平息的哒哒声。

　　这一段中的"charged"和"pregnant"一样都是蕴意丰富或意味深长的意思,不是被指控的意思,译为"紧张"和"暗潮涌动"是在语境中的微调。

这段写得虽然精妙,但并非我们不能企及,至少我们在中文里完全可以达到这个水平,这也就意味着,只要努力,写出这样的英文也是完全可行的。

来自陌生世界的你,请和我讲话

以前微博上经常有人问我,在国外的聚会或派对上如何打开话头(strike up a conversation),与陌生人拉近距离。如何闲聊(small talk),是许多人的心头大患。我一直没有正面回应,因为觉得说了也是徒劳,不过是一个盲人引导另一个盲人,一起走到歧路上而已。

后来我意识到,small talk 之所以成为问题,虽然和英语能力相关,但也有很大部分源于心理障碍。即使在母语语境里,"小话"也是一个隐忧。人多的时候,我们一般只与认识的人交谈,人少的时候,很多人选择沉默。

对大多数人来说,与陌生人交谈是无法保障收益的事情:不知道对方底细,不知道对方是否会理睬自己,生活圈子交集不大的话,就算暂时认识了,未来也很难维持友情。大多数人不愿意冒这个险,费这个神,还是和平时熟悉的人或者朋友熟悉的人交谈比较安全。认识却与我们不熟的人也可以算在陌生人的范畴里,我们一般也有不愿与他们闲谈的倾向。

因此,要对 small talk 真正产生兴趣,根本的一点,就是非功利的好奇心,即使这种好奇心最后给你带来了世俗收益,出发点也只能是非世俗的。与人谈话是为了知道萍水相逢是什么感觉,这个人能为你开启一个什么样的世界。世界这么大,说好要去看看的,现在它就在你跟前,怎么可以轻易放弃。

那么怎么和陌生世界的来客对话呢？

一、从对方的一件具体的事入手，比如与职业有关的事

在中文语境里，你肯定会从比较轻松的话题开始。比如在会上遇见陌生同行，我可能会问：你是研究哪个文学领域的？你是哪个学校的？对方如果介绍了自己的身份和职业，我不会给出"嗯"、"不错"、"有意思"等敷衍的回答，而是会表达真实、具体的兴趣，并快速思考对方与自己可能有的交集，表示共鸣。比如对方说自己是研究俄语文学的，你可以说："哇，我前几天还翻了一下《从莫斯科到佩图……》，'佩图'什么来着，我不是很懂，不过很有兴趣。"

在英语里交谈，道理也是一样的。我曾经在大型会议上有过几次有趣的偶遇。某次，一个西语系教授正好站在我后面，虽然我不太懂他研究的领域，但就是因为当时聊了几句，后来也成为了好朋友。对话的某部分可能是这样的："I was just writing about *The Tropic of Orange*, and it has lots to do with Mexico and Marcos..." "Really? I work on Mexican lit. I know that book, not well though." 几分钟后："Shall we sit down and chat a bit? Or perhaps we could find another time, either during or after the conference." "I'd love to. I'm running to an appointment right now. But I'll send you a text message tonight to set up a time to meet, if it's okay with you."

这种机遇其实很少，遇到诚挚的人、投缘的人很难，但进行一般交谈的目的应该都是可以达成的。不论是地位较高还是籍籍无名的人，交谈的时候最好是从你所了解的他们的一件具体的事入手，平时正好关注过这个人当然最妙，即使是面对原来一无所知的陌生人，交谈一两句后也可以问一个与对方职业有关,不那么私人尴尬的具体问题,再由此引申出去。不懂的时候就多问些问题。真实地对对方发生兴趣,真诚地表达兴趣。

二、要警觉对方与谈话的边界

当然,有时候也千万要抑制住对他人近况过度的好奇心。比如一个略熟的朋友说他明年要去某地访学,你不好直接问:"Oh, who invited you?"而是可以比较迂回地说:"That's great. You must know many people there."如果对方主动提供内幕信息,那自然好,他不接话茬,你也不好再追问,留待以后旁敲侧击地了解吧。对人热情,不意味着可以不尊重人际交往的边界,boundaries还是很重要的,不需要过于热心,也不好过于热衷于他人的隐私。

更多的时候,你本人在交流上没有问题,但对方冷若冰霜,那你也很无奈。我永远记得,读博士期间的某一天,我导师语重心长地对我说:"我们系里有个老师觉得你比较aggressive,讲座完了,大家都在喝酒放松,你还追着她不断讨论问题。还有,另一个外校老师和我说,你刚刚见他,没什么交流,马上就问学术问题,让他觉得你很想利用他。你可以先和他闲聊下,有问题以后再电邮询问。"好吧,我当时心想,我跟你闲扯吧,你肯定爱理不理,问你问题吧,你说我aggressive,我不如消失。

这类问题基本无解,对方也许很有社交能力,就是不愿与你谈,你无计可施。但此时也不用难过,有些冷淡高傲的人内心并不坏,不会在背后说你不好,关键时候还有可能帮你,不用太担心。要担心的还是你自己的能力和成果是否能达到一定水准,自己与人交流的时候是否能尽量尊重别人和自己。假以时日,你自然会有很多朋友和友好的前辈,遇到的挫折就会少些。

三、对于略熟悉的人，可以从询问近况开始

即使遇到比较熟悉的人，谈话中也要注意一些问题。重逢时当然要热情招呼并询问近况，不过最好避免问："How is your job going?""Are you going to be reviewed this year?"之类敏感的问题，可以说："Hey, it's been ages since I saw you last time. Are you still in Chicago?"也可以先表示歉意，再问个具体问题："Oh, gosh, I've been so wrapped up in work these days. Feeling a bit out of the loop now. Last time I talked with you, you told me about your book on Cold War politics, is it going well?"假如你实在想不起来能问什么具体的问题，那么真是不在状态，只好说："Hey, good to see you! How is it going? You look great!"

How is it going 是比较 bland，有点恼人的问题，如果别人问你，你可能会说 Not bad 或 Nothing to complain about 等套话，不知道该如何深入，也没有深入的愿望，因为对方显然缺乏诚意。如果你很善良，可能会原谅对方，并简短概述一下自己的近况："I've been working on two projects, and I'm organizing a conference next month. Things have been hectic, but not too bad. What about you? I can't remember precisely, but did you say last time that you were finishing up your book on eighteenth-century visual culture?"当然，如果万一你自己问了这样一个空洞的问题，可以事后发信息或邮件加强与对方的联系。

四、掌握和对方谈话的时间长度，懂得及时抽身

不论谈话对方是陌生人还是略熟的人，如果谈话的场合是一个比较

大的集会或派对,那么不好占用对方太多时间,懂得及时抽身比较重要。比如谈了一会,就可以说:"Don't let me keep you too long. I just wanted to say Hi and get to know you a bit."如果你是比较自信的人,那么就可以用"I'm gonna get a drink"之类的话脱身。

五、适当夸奖对方会有出其不意的效果

当别人谦虚的时候,要能适当应对。如果有来宾说:"I hope the students will like my lecture."你可以说:"They will!"或者:"I wouldn't worry about that."重音放在 that 上面,然后还可以加一句:"They like speakers who are gentle and understanding. And of course you know what you're doing."夸奖人也是一种艺术,要强调对方的最亮点,又要表示对方整体都很强。

闲谈的技巧还有很多,但我想基本的道理最重要,根基正,口才和知识面都可以慢慢提高。我写这些,不是说自己终于有资格来解决闲谈的难题,而是觉得至少我把问题的性质看得略微清楚一些了。

虽然本文主要说的是"技巧",但闲谈的根本不是技巧。接纳他人,热情以待,尊重边界,更多的是一种心性。遇到交流障碍,不慌张气馁,能看清是对方还是自己的问题,适当应对,继续走好前面的路,大概就是成熟的表现。

英语口语的操练

英语口语操练有多难,试图去过英语角的人都明白。我小的时候英语角还很流行,现在没有了,被各种收费培训班或是微信群取代,但效果都是一样的,那就是不太理想。口语能力不是一周与人用英语聊一小时天就可以提高的,即使对方是母语人士,作用也不大。

我觉得英语学到一定程度,要突破口语瓶颈,最好想办法出国留学,而且课堂上要经常发言,并长期担任教学助理之类的职务,最好是能给英国或美国学生上课。当然如果能参加非常专业的口译培训,口语能力也自然会突飞猛进。

不过这些只是硬件,关键还是要找到操练提高的方法,方法好的话即使硬性条件差一些也可以弥补。这些方法的前提当然就是你要有一定的阅读能力,单词量和语法知识允许你理解英美报刊,发音也不是太差,重音和句子节奏掌握得还行(这可以通过经常收听英文电台节目——英国BBC和美国NPR,观看英剧美剧,或模仿有声英文字典里对单词和句子的朗读来实现)。

如果阅读和发音都具备了一定水准,那么可以操练口语,操练时最好注意以下几点:

一、日常与人用英语说话,最难的是叙述一件事情,其次是描绘物品或空间结构

1. 叙述事情

可以经常读网上能找到的小说和电影梗概,维基百科上的就不错。可学习一些常见的叙述类表达,然后让自己试着复述一部最近看过的电影,以此操练讲故事的能力。以电影《消失的爱人》(*Gone Girl*,2014)为例,这部电影情节结构复杂,用中文说都会比较费力,用英语更是挑战。我们在维基百科上可搜到这部电影的词条,其中有详细的情节介绍,下面摘抄开头:

> The day of his fifth wedding anniversary, Nick Dunne returns home to find that his wife Amy is missing. Her disappearance receives heavy press coverage, as Amy was the inspiration for her parents' popular "Amazing Amy" children's books. ...

这段是用比较口语化的语言来写的,在口语中还可以更加松散一点,叙述性口语的特征就是每句都比较短,一句一句说。比如上面的第一段如果要说出来的话,可能是这样的:

> The film begins with a young couple's fifth wedding anniversary. Nick, the husband, returns home to find his wife Amy missing. Her disappearance gives rise to heavy media coverage, and we're told that Amy became famous as a young girl through the

books that her parents wrote about her. Amy has been known to the public as "Amazing Amy" throughout her life.

2. 描绘物品或空间结构

1) 要经常操练表达方位和指路的口语：

如：Go straight ahead, take a left, and then walk for two blocks. You'll see a white house on your left hand, and that's it.

2) 要经常试着描述建筑物或空间结构：

这类例文很多，可以上网找 descriptions of buildings。下面这段就很有用，是描写一座教堂的例文，可以自己进行口语化改造：

描写教堂的例文

The rectangular building faces north on its small lot, which sits on Town Highway 25 in the village of Bakersfield. Three buildings to the west of St. George's Catholic Church separate it from an intersection of Town Highway 25 and Vermont Route 108. Across the road from St. George's Church lies a cemetery, and to the west of the cemetery is a village green, separating it from Route 108. To the east of the building is roughly four acres of open land, owned by the town. To the southwest of the building is a small, wooded area. Town Highway 25 continues downhill to the east of St. George's Church. Small dirt parking lots flank the building and are adjacent to the road.

3) 经常描述各种自己喜爱的物品。道理同上,可以根据自己所要描述的物体找例文,用口语化的方式进行复述,然后再模仿例文风格描述种类相同但细节不同的物体。不断如此操练即可。

二、基本的对话技巧当然要掌握,翻来覆去就这几句,"不用谢"和"没关系"的区别搞清楚就行

谢谢:Really appreciate it. Thanks so much.
不用谢:Not a problem. You're welcome. Sure. Sure thing.
对不起:Sorry about that. I didn't mean it. (道歉的话一般不说,实在错了再说。)
没关系:No worries. That's Okay.
别人打喷嚏:Bless you.
失手笨拙了:Oops.

三、最重要的当然就是半准备半即兴的说话,这种口语很实用(一般的 Presentation 都是这种形式),经常操练,非常有助于提高口语水平

其中有几个要点:

1. 任何口头表述,第二遍比第一遍要好出许多,所以一定要事先试说至少一次,这一点很重要。试说的时候可以让一个人听你说(随便什么人,听不懂英语的也没关系,因为没人的话你说到不顺的地方一定会停下,就起不到操练的效果了),同时自己录音。回头可以回忆自己哪里说得不好,注意修正。

2. 可以先写一个发言大纲(不是全文发言稿),有必要的话准备PPT,然后脑子里默默想怎样在大纲的基础上扩充出一个完整的发言。这个思考过程可以随时进行,走在路上或坐在家里时都可以进行。想得差不多了就可以试讲了,参见第一条。

3. 从具体的技术角度来说,难点之一在于如何避免语言累赘。很多人在发言的时候会说第一、第二之类的话,这会显得很繁琐:The first reason is that… the second reason is that…把句子讲完整,在口语里听上去很冗长(不知道为何,大多数中国学生在说英语的时候首先会选择完整句子)。最好就是说 There are three reasons for this argument. Firstly… Secondly… Finally…其他例子可以类推。

难点之二在于时态。在口头表达中,如果谈到一个历史事件,很多英语母语人士会选择用现在时,因为现在时比较简洁,在复述一部电影或一个故事的情节的时候,通常也用现在时。也就是说,我们往往要改掉书面语中用过去时的习惯,这对中国学生来说,也是一个很大的挑战。不过时间久了,你就知道,其实时态是很灵活的,只要你的表达语境清晰,能让人分辨过去和现在,那么时态并不是最重要的,不用太纠结。

4. 多看看好的网络课程或 TED 演讲,汲取半正式发言中的常见词汇和表达。如果能上 YouTube,当然可以搜索到很多学术发言或讨论的视频。

American Literature Ⅰ 课程

推荐一例：纽约大学 Cyril Patell 教授的 American Literature Ⅰ 课程，我比较喜欢他的语言风格。可以自己听写一部分，然后汲取些有用的表达，跟着说一下。

所以说经常用英语做 Presentation 肯定是好的，但仓促上阵，没有准备，也是没有效果的。而如果全部写出来，到时候一字不差地背诵，同样是没有效果的。假如没有在学校课程中操练的机会，你也可以给自己设定一个题目在家里自我练习，即使没有人为你纠正，也会有所提高。当然，这大概需要超凡的毅力，不是不可能，只是很难。

中国学生和英语写作——不要让英语写作使你变笨

我经常在微博上转发指导英语写作的书籍,不过在实际教学过程中我也发现,学生经常出现的问题并不一定能通过阅读这些书籍得到解决。提高写作不仅需要积累语言技巧,整体思路也要调整。我自己也是从学生时代慢慢过来的,对写作之难深有体会。之前曾写过一系列谈英语句子构造和写作技巧的小文章,收录于本书第一和第二辑,这是第一篇。

关于写作的两个主要思想:

一、多阅读和记忆是必须的

议论文和说明文是学生经常被要求写作的体裁,但描写和叙述类型的英语散文也很重要。学习议论文和说明文最好是阅读国外出版的优秀非虚构写作书籍,每年各出版机构都会评选最佳非虚构书籍,比如《卫报》的 2015 年愿望单。也可以适当读一点自己感兴趣的领域的学术期刊论文。而学习描写和叙述类散文可以读各类文学文化杂志的电子版或免费博客(aldaily.com 网站上汇集了很多此类资源)。

《卫报》2015年愿望单

二、但阅读不会自然地提高写作,还是要在写作上刻意用力,学习写作的要旨和方法

举一例说明。有一次,我让学生写一段描写某景物或地点的段落,很多学生写得不错,当然也有各类问题,如下面这句。这位学生描写的是上海人民广场上的喷泉:

At the center of the People's Square is a fountain, which is used to decorate the square, honor events, and entertain city residents. (人民广场中心有一座喷泉,其作用是美化广场,为活动增辉,同时愉悦市民。)

这句话体现了几个问题。首先,作者用简单的句式(一个主句加一个定语从句)把喷泉的很多作用列举出来,但这些作用的区别很大,逻辑关系不紧密,放在一个句子里显得凌乱。况且对这些作用的表达很抽象,读来生硬,有很强的习作感。

这些缺点背后是英语写作经常会遇到的思维问题。**英语学到一定程度,有不少学生会开始用英语思维,尤其是在写作的时候,脑子里会出现记住的一些英语句型和词组(往往比较简单),然后略加变化,表达手头想谈的事物或问题。用英语思维是值得坚持的一个目标,不过在尝试早期由于学生脑子里英语语料的储备比较少,用英语思维反而会被束缚住写作的手脚,让明明写作能力很强的学生写出幼稚文来**,好比上面的这个句子。

解决方法就是一方面大量阅读英文散文(描述与论述的都要读,针对关于喷泉的段落就多读描述性散文),并摘选有用的片段进行分析,将其中的技巧运用到自己的写作中去；一方面就是动用一些在中文写作中学到的常识，不要被自己有限的英语水平过分束缚。

1. 修改建议

第一部分，即主句是 At the center of the People's Square is a fountain，这个句子借鉴了英语里常用的地点在前的倒装句（如 In the room stands a table; From the next room came a voice）。借鉴的精神没错，但动词最好不要用 be 动词，要生动一些，动作性略强些，喷泉最好也同时描绘一下，与抽象的喷泉区别开来。可以说，At the center of the square stands a musical fountain that shoots out water every 15 minutes or so. （广场中央有一座音乐喷泉，每隔十五分钟左右喷水。）

其实这句不倒装也完全可以，可以说 At the center of the square a musical fountain shoots out water—to the ahs and ohs of the tourists around every 15 minutes or so. （广场中央有一座喷泉，每隔十五分钟左右就喷出水来，周围游客时时发出惊呼。）这样顺便把喷泉娱乐游客的功能也用一种比较形象的方法表达出来了。

原句后面谈喷泉功能的几个短语，to decorate the square, to honor events, and to entertain tourists 可以先去掉，重新组织。要想想你用中文写作的时候也是一句一句写，不是一股脑儿把几个思想堆积在一个句子里。

喷泉娱乐游客的功能已经提到，另外两个功能可以分别用一句话来说明。第一句话可以描写喷泉的审美作用，第二句话可以描写喷泉是如何为某一个具体的活动增色的，修改的要点在于避免使用抽象含混的语言。思考后面两句话的时候可以适当用汉语思维（以免被自己有限的英语水平束缚），然后考虑如何用自然的英语将之翻译出来。

比如说：At night, the fountain creates colored patterns of light like a giant firefly. Last year, on the evening of the National Day, an outdoor performance was staged in front of the fountain. The musicians on stage looked mellow in the light that the fountain cast upon them. (到了晚上，喷泉会形成彩光图案，像一只巨大的萤火虫。去年国庆的时候，就在这座喷泉前面进行了一场户外演出。喷泉的光照在音乐家的脸上，使他们看上去很温和。)

这段话写起来不需要太深厚的功力，比较认真的学生经过操练是可以做到的。

2. 阅读建议

E. B. 怀特散文擅于描写城市和乡间景观，以下两段摘自《这就是纽约》(Here is New York)，可以看看他是如何描写城市中的小景观的——主句如何引出景点，接下去怎样描写。

1) A block or two west of the new City of Man in Turtle Bay there is an old willow tree that presides over an interior garden. It is a battered tree, long suffering and much climbed, held together by strands of wire but beloved of those who know it. 这句描写一株柳树。

2) The whole city is honeycombed with abandoned cells — a jail that has been effectively broken. Occasionally from somewhere in the building a night bell rings, summoning the elevator — a special fire-alarm rings. 这句描写整个纽约的感觉。

这两句大家可以自行理解或翻译成中文。

总结一下，练习英语写作就是要多读多写，调动自己所有的语言储备，不论是英语还是中文的知识都是有用的。虽然你可能刚开始用英语写作，但你并非刚开始写作，千万不要过于谦卑，自缚手脚，让英语写作使你变笨。

写作指导书整理

这篇资料整理能够成文,要鸣谢很多友邻,尤其是微博上的@月弓城、@小鹿撞兔老师、@hardbye,以及教英语写作的同行老师们,他们转发了很多有用的书,我平时看到会收集。

一、基础写作教程

以前有人问我哪里能找到基础写作教程,我一时没有答出来,现在有了初步答案。以下两本书适合中国的初中、高中生使用,都很简单,讲句子怎么写,段落怎么构造,主题都是日常生活学习。

1. Dorothy E. Zemach and Carlos Islam, *Paragraph Writing*: *From Sentence to Paragraph*(MacMillan, 2004)

2. Lisa A. Rumisek. *College Writing*: *From Paragraph to Essay*(MacMillan, 2004)

类似的书不少,还可以参见下面这本:

Julie Robitaille, Robert Connelly, *Writer's Resources*: *From Paragraph to Essay*(second edition)(Thomson & Wadsworth, 2007)

二、写好句子

Joseph M. Willams, *Style: Lessons in Clarity and Grace* (Pearson/Longman)已经出了很多版,网上可以找到第九版的电子书。

整本书都在介绍怎样写好一个句子,是这方面介绍得最细腻的一本写作辅导书。写好句子是英语写作的绝对关键,需要耐心、韧性和悟性,也需要恰到好处的点拨。以前和一个美国作家聊天,他说哈金小说是不错,只是他不太会写句子。句子写不好对写作人的长期发展肯定有影响。

类似书籍还有 *The Glamour of Grammar* (Roy Peter Clark),《中式英语之鉴》(Joan Pinkham,姜桂华)等。

三、介绍 Style(文体)和 Register(语域)的辅导材料

所谓 Style(文体),就是用词、句式和修辞等元素所创造的写作风格,要了解文体在写作中的重要性,可以翻阅 Geoffrey Leich 和 Mick Short 的 *Style in Fiction* (second edition)(Routledge,2007)。

所谓 Register(语域),就是语言的正式程度,通常分为正式、非正式、中间等几个层次。有关这方面的好的书目前还没有找到,但实际上它又非常重要,姑且先用一篇文章来替代(谷歌中输入标题即可找到):

David Park, "Identifying and Using Formal and Informal Vocabulary"

这篇文章主要谈应该如何使用动词短语、动词、人称代词来表达不同的口吻。

四、关于写作规律和规则的个人化阐释

1. Strunk 和 White 的 *Elements of Style*
2. Steven Pinker 的 *Sense of Style*

五、大学论文写作

Craft of Research（University of Chicago Press）当仁不让,是大学生最常见的论文入门读物。

另外还有 Michael Harvey,*The Nuts and Bolts of College Writing*。

这本是长期在美国留学、生活,写作能力非常强的@小鹿撞兔老师推荐的。

这两本书介绍得都比较宽泛,如果想对文学、艺术史类论文有具体的了解,可以看下面这一本,谈分析性写作的(也就是文学、艺术类论文的精髓):

David Rosenwasser and Jill Stephen,《分析性写作》,2008 年北京大学出版社影印原版图书,原来的标题是 *Writing Analytically*。

其中有一章(chapter 18, Shaping Sentences for Precision and Emphasis)也提到了句子构造的基本原则。

研究生(文科)写作的话,看 Eric Hayot 的 *Elements of Academic Style* 入门也不错。还有查普曼的《人文与社会科学学术论文写作指南》。

当然,到了高层次论文写作阶段,还是多读领域内的名著名篇来学习比较好。

六、中文常用教材

1.《英语写作基础教程》(丁往道、吴冰著)

外研社已经出了好几个版本。包括各种写作体裁,记叙文、论述文、应用文写作等都有触及。

2.《英语写作手册》(丁往道著)

针对托福写作、雅思写作和 GRE 写作的专门辅导,国内有很多人在做,这类文章都是意见类论述文(也就是我前面两篇写作指导文章的中心),共同点还比较多。到豆瓣上搜寻"托福写作"等关键词会发现很多类似教材,也有用户评价可资参考。

也经常有人推荐外研社引进的 *The Taking Sides Collection* (McGraw-Hill Contemporary Learning Series),有很多分册,每一分册都有关于某类时政或历史话题的背景介绍和立场相反的两种观点之间的论辩。

比较真空的地带,是夹叙夹议的非虚构散文。这种散文介乎文学作品与议论文之间,很难归类,但也是最常见的写作体裁。这类写作需要遣词造句的基本功,也需要阅历、知识、思想和文笔的长期积累,往往追求新意,缺乏定规,不太会出现系统的辅导书。但如果在写作课和写作练习中引入这一种文体,或许更有利于激发学生的写作兴趣,提高其真实写作能力。一旦写作能力提高,再去应付考试类的论述文章,就会十分容易。中山大学的戴凡老师和中国石油大学的单小明老师都在这方面有实际教学经验。

还有好些体裁是需要专门操练的,比如新闻报道、纪实写作、新闻分析，合同及商务信函、法律文件、大学及研究生申请文书等（大学申请文书写作可以参看 Harry Bauld 的 *On Writing the College Application*）。训练这些体裁的写作和写学术论文一样，不仅需要自己读书钻研，也最好有名师或业内专家指导。毕竟，学习不只是自己读书。

如果开始用英语创作小说、诗歌和戏剧，那么自然又要另当别论了。

浅谈翻译原则：翻译不好是因为母语不好吗？

翻译是英语学习者在听说读写之外必须掌握的技能，学好英语能更深入细致地探求两种文化的重合和游离之处。这正如我在《如果不在英语环境中长大，如何学好英语？》一文中所提出的，翻译是学好英语的必由路径之一（另一条路径当然是大量阅读英文原文，掌握地道独特的英语思维和表达），对不同语言的差异和共通点的理解会极大地影响学习者的英语水平。可见，翻译和学好英语具有互为因果的关系，是听说读写的不可见的根基。

英语和我们母语的关系到底是什么呢？翻译与这两种语言的关系又是什么呢？这两个问题无疑是讨论翻译时的核心问题。翻译当然是一系列技能，但也是真实语言水平的反映，需要长期积累，没有特别有效的捷径可走。

最近，德国汉学家顾彬的一番话，[1]让很多人开始思考翻译水平到底取决于母语还是外语能力。顾彬言之凿凿，认为翻译质量不高是受母语能力的限制，但母语不好的人英语能好吗？受母语能力限制其实也就是受英语能力的限制。

---

[1] 参见"德国汉学家顾彬：中国翻译者的问题在于母语不够好"，澎湃新闻"文化课"，2015年9月22日。

据我非常不科学的观察,对大多数女性来说,母语和外语水平是相互关联,相互依赖的。男性略有不同,有很多男性虽母语水平高超,对外语却始终没有兴趣,培养不起语感,当然如果男性对语言感兴趣的话,学起来也和女性差不多,外语水平会和母语水平相关。母语不好英语好的人士我似乎没见过。

当然,任何归纳都有例外,男和女在这里只是简单的分类标签,不是指社会身份,用XX和XY来替代可能更好。无论如何,顾彬说的话显得有些片面,翻译不好更可能是真的外语水平有限,或者就是外语和母语都有问题。要翻译好,自然需要两者都强,也要有意识地总结、归纳这两种语言之间的勾连和张力。其实,大多数中国人学习英语的时候,本身就必须借助翻译,深入理解两种语言在字词习惯和思维风格上的异同本来就是学好英语的前提之一。

我们先来看一个句子,来说明翻译所需要的技能吧。

原文是这样的:The absolute use of the word "redolent" has, we fear, neither in Latin nor English any better authority than the epitaph on Fair Rosamond.

首先要明白这个句子的大意,上文在讨论"redolent"(芳香的,形容词)这个词,然后说对这个词最为权威的用法出现在美女罗萨蒙德(亨利二世情妇)的墓志铭中。

大致搞清楚句子的语义和文化指涉以后,就可以关注其中的难点,包括对"absolute"的奇怪用法,还有"we fear"和"neither in Latin nor English"这两个插入语。汉语里不太用插入语,所以此处要动一番脑筋。我的翻译是:恐怕可以这样说,不论在拉丁语还是英语中,对于"芳香"这个词最权威最纯粹的用法都出自美女罗萨蒙德的墓志铭。其中的翻译技巧包括:1)插入语提前;2)将"absolute"这个词理解为"纯粹",与后面的"权威"并列在一起。

可以看出,汉语和英语差别明显,在翻译时要深入理解原文,也要巧妙组织译文,两者缺一不可。

不过我也必须强调母语和英语相互关联的状态,两者除了差别,也有很多共通处。

英国作家拜厄特(A. S. Byatt)曾这样描绘当代英语中的好句子:"A good modern sentence proceeds evenly, loosely joined by commas, and its feel is hypothetical, approximate, unstructured and always aiming at an impossible exactness which it knows it will not achieve."(一个优美的现代句子匀速展开,各部分以逗号松散地连接,感觉上像是一个假设,语气不确定,结构随意,似乎总是想要达到明知无法企及的精确性。)

拜厄特的这个说法犹如醍醐灌顶,让我突然领悟到其实当代英语和汉语对于好句子的看法并无太大出入,都讲究轻盈、口语化、各部分短小而互相之间关系协调这些特点,都用不少逗号(或中文的顿号)作为句子组成部分的连接。

当然,从这个句子的原版和译文之间的区别也可以看出两种语言的差异。"hypothetical, approximate, unstructured"这些形容词之前最好加一个短语,如"语气不确定",这样比较符合汉语习惯。如果译成"其给人的感觉是假定的、近似的、无结构的",当然也马马虎虎,但行文有点怪,既不精确也不美好,还妨碍理解,不如略做调整,使译文更接近中文。要翻译好这个句子,必须对英语独特的表达方式和隐含意义有充分的把握,还要知道如何用中文来对应,对两种语言能力的要求都很高。

总结一下就是,直译不能太直,意译不能太写意。汉语和英语之间有相通也有相悖的地方,要做好翻译,就要能在汉语和英语之间自如穿梭,知道什么时候忠实,什么时候背叛。

所以,当我们说某个句子带有"翻译腔"或者是"欧化"语言的时候,我们其实在散播一个片面的道理。坏句子就是坏句子,不论在英语还是汉语中都站不起来,英语本来不"欧化",是翻译的人自己的语言能力出了问题,要不出问题就应该外语母语俱佳。外语不好,那么母语好到天上去也不行,只能在已经很好的翻译上略做润色(假如原来的翻译就漏洞百出,那么润色也只是徒劳)。

谷歌中译英新版到底好用到什么程度

2016年9月,谷歌中译英新版凌厉登场,"神经网络翻译"和机器学习等字眼引动了许多不彻底的欢呼和不确凿的惶惑。

我不懂机器学习技术,但我对它是友好的,况且我懂中文和英文,理解翻译这件事。所以我也就不避纷扰,来发表一些我个人对于谷歌翻译(Google Translate)目前中译英水平的观感。

首先,谷歌翻译功能不需要翻墙,在国内也可以用,所以以下我说的内容,大家都可以重复验证,并提出自己的观点。谷歌翻译的网址为:http://translate.google.cn,可以选择中译英的设置,因为中译英功能是这次谷歌技术的突破点。

我的总体感受:

谷歌中译英对写得像英文的中文句子比较能应对自如,就是那些主语谓语宾语等成分清晰的句子。尤其惊艳的是对于包含两三个短句、当中用逗号连接、逻辑关系清晰(即西化)的中文句子,谷歌翻译能够正确识别何为主句,何为表达因果、伴随状态的状语从句。当然,谷歌翻译对许多四字成语和网络用语(如"梁上君子"、"图样图森破"等)也有备而来,至少在它们单独出现的时候能够识别并正确翻译。

这也就是说,谷歌中译英比较适用于一板一眼的中文,比如写得干涩而又十分清晰的科学论文和人文社科类论文(即便是这类论文,也会出现机器无法处理的长难句),或许也适用于一部分新闻社论。这类中文用谷歌翻译成英文后,经人工修改把关,问题就不大了。这的确可以节省许多初级、机械的翻译人工,对翻译生产力是一种解放。至于会不会引发大量翻译失业的问题,还不能就此做出判断。

然而,谷歌中译英对于大部分散文作品、日常电邮交流(可能有官话,可能有省略式表达)、口语化的生动表达、诗词曲艺、文字游戏等,都还只能望洋兴叹。而且,我发现,即使是谷歌认识的短句式和俗语,当它们出现在有些复杂蜿蜒的句子中时,也会让谷歌犯迷糊。

中文与英文有许多不兼容的地方,还有自己独特而狡黠的语法。况且,自然语言是灵动的,不论中英文,写得灵动的时候都是不机械、不容易理解的。对语言的灵动,机器目前是无能为力的,不知未来如何。还是希望研究语言文学的人与科技界人士多多交流互补,当然机器翻译主要还是由科技界(人工智能)人士来主导。

有的人说,为了使用谷歌翻译,可以将自己的中文句子写成机器可以辨认的样子。这个技巧当然是没错的,为了能够把论文顺利快速地翻译成英文,这也不失为一个权宜之计。可是这项技术不应该是为人服务的吗?如果让自然语言削足适履,科技就真的变成禁锢人类语言才华的枷锁了。

下面就具体谈谈谷歌中译英功能的一些问题,由此也可以发现许多自然语言的奥秘和中英文的差异。

一、主语的问题

汉语中主语的位置非常灵活,也往往会在句子中省略,这会给机器带来不少困惑。而且,如果主语比较长,本身就是一个词组(这种情况中

英文实际上都有)的话,谷歌翻译起来就更加吃力。例证如下:

1. 原句:您预约的馆际互借图书已到馆,请尽快至闵行图书馆馆际借书处取书。

机器翻译:You have booked the interlibrary loan book has been to the Museum, as soon as possible to the Minhang Library Interlibrary borrow books from the book.

正确翻译:The interlibrary loan book you ordered has arrived at the library. Please come as soon as possible to the Minhang Library to pick it up.

"您预约的馆际互借图书"是用一个词组做主语,机器没明白,以为"您"才是主语。而后面的半句里主语省略了,因此在机器的翻译中也就发生了句子残缺不全的情况。

2. 原句:这本书只好去网上买了。

机器翻译:This book had to go online to buy.

正确翻译:I will have to order this book online.

这个句子的主语缺席,可以是"我",也可以是"你",要看语境,但机器以为主语是"这本书"。(另外还有一个问题,那就是机器默认的时态是过去时,而原句实际上是将来时,这一点机器目前还不能很好地辨认。)

3. 你想看的电影已经上映。

机器翻译:You want to see the film has been released.

正确翻译:The film you want to see has been released.

机器又以为主语是"你",而不是"电影"。

二、动词的问题

汉语中经常出现用形容词或形容词词组做动词的情况,这对谷歌翻译是一个挑战。例证如下：

1. 原句：桃红柳绿。

机器翻译：Pink willow green.

机器懵了。应该说 The peaches are red and the willows are green.

2. 原句：谷歌新技术面世。

机器翻译：Google's New Technology available.

谓语"is"缺失。

3. 原句：北京近日多雨。

机器翻译：Beijing recently rainy.

道理同上。

4. 原句：肉熟了。

机器翻译：Meat cooked.

应该是 The meat is cooked. 这里不仅动词缺失了，冠词也没了。中文里不用冠词，所以谷歌不知道这里应该加 The，这个问题需要比较高水平的人工译者来纠正。

三、时态的问题

机器很难确定一个中文句子实际上表达的是什么时态。一般默认的是过去时，有时候也懂得用一般现在时，但总体比较机械。例证如下：

1. 原句：他不相信。

机器翻译：He did not believe it.

2. 原句：他不相信世界。

机器翻译：He does not believe in the world.

这里我要赞扬谷歌翻译，它正确地判断出第一句是过去时，第二句是一般现在时,令我惊叹!

3. 原句:一星期前我回家了,第二天就有小偷来摸索北房的铁丝窗。

机器翻译:A week ago I went home, the next day there is a thief to explore the north room of the wire window.

第二个短句应该也是过去时,但机器用了现在时,不明白要与前面一个短句承接的道理。

4. 原句:他回想起过去的三年,不禁有些悲凉。

机器翻译:He recalled the past three years, can not help but some sad.

道理同上,第二个短句也应该是过去时。

四、灵动的散文句子

对于这些句子,机器还没有学会解读。其实在人工翻译中,这类句子也是最难翻译的,要用既符合英语语法、又精练灵巧的方法将它们译成英语,非常困难。以前我上高级英语课时,会花一点时间讨论如何翻译这类散文句子。例证如下:

1. 原句:(周作人《苦雨》)北京近日多雨,你在长安道上不知也遇到否,想必能增你旅行的许多佳趣。

机器翻译:Beijing recently rainy, you do not know Chang'an Road, also encountered no, must be able to increase your travel a lot of good fun.

机器彻底没辙,这属于不能看的英文句子,不知所云。

2. 原句:他自小受家庭影响,不爱说话。

机器翻译：He was affected by family, may not talk.

这里，谷歌翻译没弄明白后面一个短句是一个结果。如果把这句中文改成："因为他自小受家庭影响，所以不爱说话。"那么机器应该是可以理解的。当然，有人要说了，我凭什么要改得这么累赘。

3. 原句：他回想起曾经为他做的事，觉得自己实在委屈，又没处申诉，便郁闷起来。

机器翻译：He recalled what he had done for him, feel that they really wronged, and no place to appeal, they depressed.

同理，谷歌翻译没有弄明白这个句子各部分之间的逻辑关系，这个句子缺乏表示逻辑关系的连词，各部分的语法关系不明确，所以对机器构成了挑战。

五、古诗词

原句：青鸟不传云外信，丁香空结雨中愁。

机器翻译：Bluebirds do not pass the letter of the cloud, cloves empty knot rain.

前半句语法还比较清晰，谷歌翻译还可以勉强为之，后半句的"空"不符合一般语法要求，所以机器对后半句是完全崩溃的。

六、"比较"这个词

原句：我感到比较郁闷。

机器翻译：I feel more depressed.

中文里的"比较"不一定指和其他东西或人比，有时候就是表示一种中间程度。而英文里的"比较"一定是两相比较。这是中英文差异的一个小小侧面,是英语学习者的难点,也是机器翻译的难点。

我的测试当然不完全,但是足以说明,机器翻译的难点和人工翻译的难点有不少重合的地方,人觉得难的,机器也一样不会处理。但机器在处理简单翻译任务的时候比初级水平的人工译员要可靠,这大概就是机器的神奇之处吧。

祝谷歌翻译前程似锦,而我们人类也会不断磨砺翻译和语言能力,与机器联手,既深刻地参透语言的规律和秘密,又洒脱不羁地使用真正活着的语言。

被分析的美或许更美: 文学研究的旨归

某天早上有近友向我推荐"昆曲六百年"的系列视频,看了第一集"昆曲之前世今生"后便十分喜欢,断壁残垣,良辰美景,勾起心绪如柳絮万千,难以名状。

同样是那天早上,与一众学生继续讨论奥斯丁小说的问题,我们谈到18世纪中期的小说,里面也有大乡绅家族,却没有奥斯丁小说中对于财产继承限定的担忧,奥斯丁果然开风气之先,从婚姻中看到经济。我们谈到她小说中的命名法,上层社会男子大多以姓称呼,女子大多以名称呼,这与英语小说史的发展密切相关。我们也谈到她小说中的父亲形象,女儿多的父亲似乎一般都处于缺席或无能的状态,而男主人公的父亲常为强悍之人,如《曼斯菲尔德庄园》中的托马斯爵士,《诺桑觉寺》里的蒂尔尼上将。所以,民间传说的"温柔男人生女儿,阳刚男人生儿子"的说法,貌似奥斯丁是同意的。

学习文学和文艺、文化的人在任何一天都可能处于不间断的审美体验中,有莫名心动,有智识交流,有逸趣雅谈,与日常生活可以很近,也可以很远。"头脑如旋转木马",四处掠美,却始终不失优雅镇静。

当然,这是比较安稳的一天;困苦起来,是另外一回事。

困苦,那就是文学学习中必然经历的枯燥艰难的时候。清谈固美,背后必有大量的积累,文人在大部分时间里还是埋没于文字和材料的机理中,钻得深了,或许会生出艰辛的美感。

所以,在这里就想谈谈文学研究者与审美之间的关系问题。不少人以为分析文字结构会破坏审美体验,但批评家不是这样看的。燕卜逊说过:"未被解释的美在我心里激起一阵烦躁。"(unanalyzed beauty arouses an irritation in me)直接感受到的美就像胭脂的浮色,闪亮却不持久,吸去浮色才能看到胭脂晕染的程度和效果,才能看出其与肌肤结合得是否融洽。文学的美大概也是如此,有华丽的辞藻及其所捕捉的影像声音的灵动,有对生活的映射戏仿,也有对人间万象和寸心世情的深入剖析。这最后一层美借助的是语言微妙和复杂的结构,不一定光润,却很精妙,需要分析和解释。

那么怎样才能解释和分析文学的深层美呢?方法有很多,我在本书的第四辑里也会专门谈文学批评论文的写作思路和方法问题。下面先介绍一个文学分析的基本技巧,那就是句式分析,作为对后文的预告。分析得多了,对句子的感受就会增强。每一个句子就好比一个人,高矮胖瘦不同,精神气质各异,与句子交流若与人对视,意味隽永。

我们来看奥斯丁最后一部小说《劝导》(*Persuasion*)原文中的一段。女主人公安妮·埃利奥特(Anne Elliott)在拒绝爱人温特沃斯(Wentworth)之后,时隔八年再次与他重逢。两人都旧情未忘,安妮在受到温特沃斯的一次帮助后心中顿生涟漪,浮想联翩。原文如下:

> His kindness in stepping forward to her relief, the manner, the silence in which it had passed, the little particulars of the circumstance, with the conviction soon forced on her by the noise he

was studiously making with the child, that he meant to avoid hearing her thanks, and rather sought to testify that her conversation was the last of his wants, produced such a confusion of varying, but very painful agitation, as she could not recover from, till enabled by the entrance of Mary and the Miss Musgroves to make over her little patient to their cares, and leave the room.

大意：（安妮心想）他好心地帮了自己，将一个调皮孩子从自己身上抱下来，却又不愿意听自己道谢，与自己有言语接触，真是让人心中五味杂陈。直到其他人从外面进来后安妮才放下了这个思绪。

可以注意到，这个句子很长，"produced such a confusion of varying, but very painful agitation"是主要的动词和宾语。

主语是好几个并列的词组和短语：his kindness, the silence, the little particulars, 还有她认为he doesn't want to talk with her 的 conviction 都是主语。

动词和宾语后面又用了很长的从句进行修饰——心里各种复杂难受的滋味是她不能自己克服的（as she could not recover from），直到别人进来后，她才能把孩子交给她们，自己走出去。

这个句子既包含从属结构（从句），又包含并列结构（主语里的并列短语），结构很复杂，也很有意味。为什么呢？因为18世纪早期和中期的小说里以并列结构为主的句子很多，称为parataxis（用分号连接的并列句）。

如笛福的小说《鲁滨逊漂流记》中的一句：

...I was surpriz'd, and yet very well pleas'd, to see the young Trees grow; and I prun'd them, and led them to grow as much alike as I could; and it is scarce credible how beautiful a Figure they grew in three years; so that though the Hedge made a Circle of about twenty five Yards in Diameter, yet the Trees, for such as I might now call them, soon cover'd it; and it was a compleat Shade, sufficient to lodge under all the dry Season.

大意：我在孤岛上看到小树长高很惊讶；我修剪它们；它们组成的篱笆多漂亮；它们上面盖着许多树荫；不久树荫蔽日，为我抵挡旱季。

到了奥斯丁的时候（18世纪和19世纪之交），这种并列句已经很少了，从句在小说中的运用日渐增多。而奥斯丁那句话的巧妙之处在于将并列结构和从句结构融合起来，制造出许多念头蜂拥而至（并列），且思绪绵延不断、蜿蜒延伸（从句）的双重效果。这不仅是对英语小说句式的创新，也是对人物心理描写方式的创新。奥斯丁描写人物内心的方法在英语小说史上之所以有巨大意义，就在于她不仅会讽刺，会用先扬后抑的损人手法，还会用不同句式写人物的内心独白。其笔下主要女性人物的独白不仅句式蜿蜒，显得愁肠百结，且往往在自己的话里不断回应、插入别人的语言，显示出很大的理解力和共情力。

这样并列和从属结构兼具的句子在《劝导》中有不少。如果仔细统计分析，或许可以发现她的最后一本小说与之前的小说在文体和人物描写方面的不同。

通过句式分析，小说的语言突然有了质感有了道理，也有了更丰富的美感，而我们对小说在形式和主题上的特色也有了更深的理解。

文学的分析和学习本来就是这样，以美为起点，以美为终点。分析、思考和智性是服从于美好的情感，为其引路的。当然，正如我前面说的，美好的情感不是轻松愉悦的情感，而是十分艰辛、十分痛苦中的几线亮光，来自艰辛和痛苦的亮光。

文学研习入门的基本方法

前面一文谈了文学分析的一个小技巧,这里解决另一个总体性问题。经常有人问起文学研究应该如何入门,我在这里也提供几份书目,不过在提供书目之前我还是想再说几句我理解的文学和文学阐释。

纳博科夫的小说《爱达或爱欲》中有一个很精妙的段落,主人公凡和爱达第一次长时间接触是凡到表妹爱达(实际上是同父异母的妹妹)的家中去度假,那时,凡领略了爱达剔透晶莹的头脑。爱达有一个理论:世界上有三种事物,真实的、凡俗的和虚幻的。虚幻的事物又被称为"雾之物",包括"发烧、牙疼、可怕的失望和死亡"。如能集齐三个"真实"之物,就能筑起一座塔,或架起一座桥。

读到这里的时候,我们在爱达心中的"塔"这个意象里听到了"巴别塔"的回声,也依稀看到了雪莱、拜伦和勃朗宁诗歌中高耸孤立之塔的形象。"塔"代表着人们通天的冀望,也指向跨越个人与人群之间天然(语言)屏障的渴求,与"桥"非常相似。虚幻的"雾之物"是难以筑起桥或塔的,所谓虚幻,就是他人无法理解的东西,如"发烧、牙疼、失望和死亡",都封闭在个人的头脑之中。反之,真实之物就是能激发人们共同感受的那些事物,然而何谓真实也只能因人而异。

上面这段情节之后有这样一段描写:凡与爱达在露水欲滴的清晨交谈,凡不理解爱达的理论,一个劲地问她真实之物是什么?而爱达只

是望着他,并不做解释。凡在大惑不解下离开,爱达感到"她的塔在美好恬谧的阳光中轻柔地坍塌下来"。来欣赏一下这段:

> 她端详着他。她嘴角的一小滴蜂蜜端详着他。一支三色丝绒紫罗兰端详着他——前一天晚上她还为它画过一幅水彩画——从刻有凹槽的水晶花瓶里端详着他。她什么也没说。她舔着伸展开的手指,仍然看着他。
>
> 不得其解的凡离开了阳台。她的塔在美好恬谧的阳光中轻柔地坍塌下来。
>
> (韦清琦译,上海译文出版社)

这一段先从凡的眼光来描写爱达,又从爱达的视角来描写她的失望。凡对爱达是全然欣赏的,她因为他的爱而真实起来,成为真实的爱达,"塔"眼看着就要建筑起来了,但两人之间还是有沟通障碍的,她眼中的世界并不等同于他眼中的世界,所以"塔"又"轻柔地坍塌下来"。这种含有杂质的美好是凡与爱达之间爱恋的起点和终点,是一切不纯而美好之物的象征。

而不纯却安静的快乐也大致可以用来描绘读者与小说人物的关系。爱达的失望是可以言传给至少一部分读者的,是一种轻柔地坍塌,而不是看不见的不可想象的黑洞。读者心中也有一座塔,当他们读着爱达与凡的故事,这座塔会辉煌地在阳光中站立几个瞬间,然后温柔地坍塌。他们会认同爱达认同凡,也会常常无法想象,无法认同。

如果你能耐心而饶有兴味地看完上面这段转引+阐释,你必然也是一个文学爱好者。这毋庸置疑。文学是记载和描绘感官及情绪体验的,也会时而轻灵时而痴迷地说理,评判端详着构成自身的白纸黑字。文学是知性的舞蹈、初开的混沌、神秘的学问。

而文学批评和文学一样,是思辨和感受力在创造力的浇灌下交融孕育思想和文字的过程。只不过一般来说,文学家需要感受和描摹能力强些,批评家需要分析和说理能力强一些。批评和创作一样,需要才华,但也是可以练习的,大量撷取前人批评范例的精华,拜师或偷师学艺,推自己上火线实战演练(就是在死线的压力下写论文),一般总也能学到七八成,剩下的几步当然就需要一点天生的融合感性与理性的能力了。

那么,如何更直截了当地罗列研究文学的内涵呢?在我看来,研究"文学"(打引号是因为文学的定义总是暂时的)是一件很奇特而丰赡的事情。研习如何勾勒文字反思自身而构成固定体裁的历史,研习文学体裁的演变与社会和文化史的关系,研习从外在表达揣测想象人物(和作者)意识的路径,研习文学的形式特征与阅读效应的关联,研习想象他人的能力与个人道德和社会公正的关系。而研究文学最终也是有利于创作的,所有的文学大师都通过大量阅读和改写来训练自己,好的创作都与研究有很大关系。

所以,如何为文学研究做好准备?当然这里主要说外国文学。

1. 首先还是要大量阅读。我的感觉是可以把读外文原著和中文译本结合起来,通过读译文来快速掌握作品全貌,在重要或难以理解的地方参考原文,体会原著的语言精髓。这样会大大加快效率,也不失精深。

UCLA英语博士生阅读书目

阅读书单可以去美国大学英文系等专业的网站上寻找,比如UCLA英语博士生的阅读书目,对国内想要寻找入门文学书单的学生肯定也有所帮助。当然,很多人已经很熟悉诺顿文选系列,这个系列也可以参考。

2. 仔细阅读学习文学阐释和研究方面的范文。

这点比较难,晚近最好最规范的文学研究论文往往并没有被翻译成中文,还是要努力阅读原文。

可以到国际期刊论文数据库 JSTOR 上去寻找好的批评文章,一般来说 PMLA(美国现代语言学会会刊)上的批评文章在形式和内容上都很讲究。最新的外国学术期刊论文恐怕要从国外图书馆的网站上获得,或者经常使用国内尚算比较强大的馆际互借功能。看国内论文的话当然有很多权威或核心期刊可以查阅。

再提供一些有助于了解文学研究的书和文章:

一、批评方法总论

1. *A Handbook of Critical Approaches to Literature*
(Wilfred L. Guerin, Earle Labor, Lee Morgan, Jeanne C. Reesman, John R. Willingham, Oxford University Press)

这本书 2011 年出了第五版,对文学批评方法做了比较全面的介绍,不仅如此,还有相关批评实例。以前我还介绍过 *Norton Introduction to Literature*,也值得翻阅借鉴。

2. *Johns Hopkins Guide to Literary Theory and Criticisms*,2nd edition(Johns Hopkins University Press,2004)

这是一部辞书类书籍,介绍理论和批评流派的词条比较权威。如果能借到或看到会相当有用。

另外,普渡大学 OWL 网站对各种批评流派的介绍比较全面。

普渡大学 OWL 网站

美国国会图书馆英语文学批评资料

类似的综述性网站很多，如美国国会图书馆整理的英语文学批评电子资料，包括几个非常便利的链接，顺其指引可以找到多个有关批评方法总介或具体批评流派的书单。

二、小说批评

詹姆斯·伍德的《小说机杼》(*How Fiction Works*)，2015 年由河南大学出版社翻译出版。这本书可能是最好的小说阐释方法入门著作，告诉我们如何从叙事学元素、文体分析、细节分析等角度来深度理解小说。行文生动流畅，基本不借助学院术语和论证套路，但与学院式细读批评心意相通，对文学爱好者与研究者来说都具有很高的价值。

市面上也可以找到不少小说理论节选合集，比如杜克大学出版社出版的 *Essentials of the Theory of Fiction*（Michael J. Hoffman 和 Patrick D. Murphy 主编），还有我以前用过的 David H. Richter 编撰的 *Narrative/Theory*(1996)。

韦恩·布斯的《小说修辞》(*The Rhetoric of Fiction*)，1961 年初版，1983 年修订，也是小说批评的入门著作，书里提到的"隐含作者"概念引领了一个时代的批评风气，但随后也经历了许多补充修正。还有一本叙事研究的老书很值得学习，那就是 Dorrit Cohn 1978 年的作品 *Transparent Minds*：

Narrative Modes for Presenting Consciousness in Fiction,分析了 18、19 世纪以来小说里表现"内心"的不同方式,博而能精,十分不易,在研究叙事和意识方面有奠基之功。

詹明信的《政治无意识》(*Political Unconscious*)是少数翻译成中文的优秀文学批评著作之一,在融合叙事学分析和政治批评方法上有首创之功,可以结合英文原文重点阅读。在结合叙事分析与文化政治批评方面成就比较突出的文学学者很多,Sianne Ngai(倪迢雁)、Terry Castle、Deidre Lynch、Catherine Gallagher、Nicholas Dames、Sharon Marcus 等都是我很欣赏的批评人。学界的批评风向瞬息万变,但只要是好的批评,其内核便处变不乱,不管研究什么作品,都会对其语言的复杂层次显示高度的敏感,看得到其中的文学典故的质层,也看得到作者或人物情感的游移矛盾。是否强调文学与意识形态的勾连会在批评家内部形成分裂,不过若"以公心辩",那也不必非此即彼,文学自然跳不出历史,却又时刻在演练对历史的抗拒。所谓"批评的边界"(美国学者 Rita Felski 2015 年著作的标题),就是要知道批评不易,要同时揭示内在于文学并蒂而生的媚骨和傲骨,不偏不倚,于人世有警醒也有抚慰之用,这是批评家需要不断努力以求达到的高度。

小说批评不一定大量使用叙事学术语和思路,但了解叙事学思路、灵活化用与小说分析却是必不可少的。因此,对热奈特、费伦、巴尔等学者的传统的叙事学著作当然都必须有所了解,David Herman 的后经典叙事学理论编著也值得了解,后经典叙事学中比较强大的认知叙事学也佳作不断,对前文提到的叙事与意识关系进行了别开生面的探讨。另外,有些叙事学理论的电子资源也应该注意,比如汉堡大学牵头邀请著名学者合力撰写的 *The Living Handbook of Narratology*,里面的词条都比较详细严谨。国内学者撰写的不少经典与后经典叙事学专著也都

叙事理论书单

可以借鉴。这里再推荐一个叙事理论书单。

三、诗歌批评

特别介绍学者 Paul Breslin 的当代美国诗歌和加勒比海地区诗歌的研究专著。他是我的博士生导师之一,其著作分析非常标准,文风流畅,也有对后殖民政治语境的思考,很有助于提高诗歌分析水平。Jahan Ramazani 等学者的著作有异曲同工之妙。读布鲁姆的著作和《读诗的艺术》(王敖译,网上可以找到全文)也会很有助益,布鲁姆经常会提到与他同一辈的诗歌评论家,按图索骥可以学到很多。Helen Vendler, Marjorie Perloff, Charles Bernstein, Charles Altieri, Derek Attridge 等诗歌批评家也都有各自深刻的见地。

要对诗歌术语有比较系统的了解,可以参阅《普林斯顿诗歌和诗学大辞典》(*Princeton Encyclopedia of Poetry and Poetics*)以及大为简略的《普林斯顿诗歌术语手册》(*Princeton Handbook of Poetic Terms*),两者都可以放在案头随时检索。还有其他诗歌简介也都可以,比如 Mary Kinzie 的 *A Poet's Guide to Poetry*(2013 年修订版)。以介绍后结构主义闻名的乔纳森·卡勒在 2015 年出版的 *Theory of the Lyric* 很值得研习,其中对重要的抒情诗理论进行了简要精当的评析,对抒情诗历史也有比较到位的梳理,并提出了对于抒情诗何以成为一种体裁的几点创见。

最后再补充几句,平时多看看主要英美大学硕士博士课程的设置会很有启发,最好能通过留学或访学亲身体验,或者也可以请在读的朋友分享课程大纲,互通有无对大家都有益处。

为了研究文学,可能难免要进入学术体制,是为生计所迫,也是为了有比较稳定的智力和物质资源。因此刚入门的文学研习者要与许多"业内规则"较量,这些规则有的与文学有关,有的无关,但都难以规避,只有先理解适应,再慢慢摸索变革的方法。

很多人也会向我询问考研该如何准备的问题,我其实也只有很有限的经验。如何准备考研应该是因学校而异的,为了考好,或许可以去特定学校适当听课,并与往届考上的师姐师兄多交流考试心得。总体来说,如果是考外文学院的研究生,那么语言基础(翻译和外文写作)很关键,需要长期积累。而中文系的研究生考试涉及大量的文学史常识,也需要积累,要啃很多传统的文学史教材。不论是中文还是外文的考试,原著必须要读,可以根据时间和地域划分出几大板块,在每个板块里至少精读核心作家的代表作,获得直观深入的了解,然后再泛读文学史介绍,这样对文学常识就不需要死记硬背,也可以在回答考试问答题的时候举出例证,适当提出自己的真实见解,避免流于形式、泛泛而谈。这样复习时间肯定会长些,但考研没有捷径,即使靠取巧通过初试,复试(面试)的环节也肯定能测试出学生真实的知识面和理解力。

第二辑

为人性僻耽佳句：
让英语生动起来

轻便才能运动：动词短语和短语动词

经常有人问英语中的小词如何掌握。先来说说动词短语吧，就是动词后面跟介词或副词构成一个习惯性短语的情况。这种动词短语生动跳脱，使语言针脚麻利，画面感强烈。

问题是，动词短语怎么记忆，怎么学会使用。

我觉得可以将以下两种方法结合起来学习：

1. 适当精读，在每天看到的英文散文中挑选一段细致分析（一段就好），记忆其中的语言素材，注重动词和动词短语。

2. 借用一个很好的按照意思将短语和词汇加以分类的网站。

一、适当精读

比如说，前几天我读到一篇纪念艾柯的文章，里面有一段非常棒：

... That is, impossibly learned. Indefatigably hardworking. Singularly modest and self-critical. Uniquely open to people and culture high, low, and middle. Quick to laugh and joke. Wise to the importance of entertaining readers — with puns, plot, playful Latin, lighthearted examples, exotic hypotheticals — while guiding them.

——"The Irrepressible Lightness of Umberto Eco", *The Chronicle of Higher Education*, Feb. 29, 2016

1. 这里的"impossibly learned"和"indefatigably hardworking"非常对称,这告诉我们可以适当在散文中使用对称的词组和句式,前提是不要因排比和对称结构太多,使散文解构呆滞。Indefatigably 就是 tirelessly,完全可以置换。

2. "open to"很常见,也很好用,但我们不一定能用准确。假如查阅一下 *Free Dictionary of Idioms* 可以找到 open to 的几个基本用法和例句。Open to criticism, open to new ideas 这些表达都是准确的。

Free Dictionary of Idioms

然后还可以对自己不确定的搭配进行查阅,比如说去谷歌或可靠的语料库(British National Corpus 或 Corpus of Contemporary American English)查 open to debate, open to interpretation 之类的搭配,看看有没有很多例句,判断这样的用法是否常见。这样研究一番后,对 open to 的各种用法一定会有所掌握。

当然,最关键的是在实际写作中多用。比如你写文章时要说"这部电影结尾含糊,给人许多阐释空间",就可以说 The film's ending is ambiguous and open to interpretation。

3. "wise to (the importance of)",这个词组恐怕对大多数人来说都比较陌生,wise to 的表达不是太常见,但也绝对是适合普通书面语的说法,只要

再查阅一下 *Free Dictionary of Idioms* 就可以知道，原来 wise to 就是 aware of 的意思，表示对某事有清醒的认识。

原文中用 wise to 而不是 aware of，也是遥遥呼应 open to，使文章前后形成一种遥远微弱的对称性。当然用 conscious of，cognizant of，aware of 来替代 wise to 也完全可以。

二、使用语义场 Semantic Domains 网站

这个网站有一个很大的好处，就是可以让你根据语义来搜查词语和短语。比如你想学习和"走路"有关的动词和动词短语，那么就可以先点击 Semantic Domains 按钮，然后选择 Physical Actions，这个大类下面还有很多分支，逐级向下，最终会来到 Manner of movement 这一层。这时你会看到这样一个菜单列表：

Semantic Domains 网站

Home » 7 Physical actions » 7.2 Move » 7.2.1 Manner of movement

7.2.1 Manner of movement

Use this domain for general words referring to the way in which a person moves.

What general words refer to the way in which a person moves?
gait

- » 7.2.1.1 Walk
- » 7.2.1.2 Move quickly
- » 7.2.1.3 Wander
- » 7.2.1.4 Graceful
- » 7.2.1.5 Walk with difficulty
- » 7.2.1.6 Steady, unsteady
- » 7.2.1.7 Move noisily

点进 7.2.1.1 walk，就会看到许多与"走路"有关的表达。以"悄悄走路"为例，你会看到如下这些动词和短语：

What words refer to walking quietly or secretly?

steal along，*walk stealthily*，*sneak*，*pad*，*stalk*，*creep*

你也不需要一下子记忆所有相关单词和短语，可以从里面挑出几个作为关键词在谷歌或必应上找几个例句。比如说 steal along。

可以发现有这样一个例句：They stole along the corridor. 他们悄悄穿过走廊。

适当记忆这个例句，然后想象平时可能用到这个词的语境，并试着造个句子：

他不想让母亲看见，就轻轻地穿过了走廊。

Wishing not to catch Mother's attention, he stole along the corridor.

这样你对 steal along 的印象就比较深刻了。说不定一路上还查到了 steal 和其他介词搭配的用法，如：steal into(悄悄进入)。

还有一个类似的网站 snappywords.com，也是按照意义给英语词汇分类的，可视化效果特别棒，值得一用。

总之，有空的时候就花半个小时，精读一个段落，或者查一组语义相关的词和词组，接着再练习用学到的词和短语写句子。长此以往，集腋成裘，掌握的生动的词和短语就多了。

最理想的状况是有比较好的英语精读/写作课，每周写适当篇幅的段落作为练习，有适当的压力。如果没有这样的环境，那只好自己给自己压力，创造自己的常规了。

出人意料的介词

He is over you.

He is against you.

He is into you.

He has nothing on you.

介词在表达两个事物的关系的时候，具有我们难以想象的高效性。但对付这些小词，却没有什么捷径，只能踏踏实实地增加阅读量，对介词的实际使用培养起语感，再通过总结和查阅词典来温习常见和不常见的介词用法，并多加操练和使用。

一、ON 的用法

1. 最常见的用法：

1) 表示有接触的上方：on the top of, on the sea, on the lake, on the street。

2) 表示关于：on a topic (in this field or area)，比如散文标题"On Solitude"，这里也可以用 of 代替，意思差不多，如 *A Treatise of Human Nature*（休谟《人性论》）。

2. 略微次常见的用法：

抽象的"在上"：比如 on their team, on the wait list, on the phone, on time, on this occasion, on a journey, (caught)on tape; turn/rotate on the shorter axis(绕着较短轴线旋转); keep the dog on leash; say on record(公开有记录地说); kept on records(将某信息保存在记录中); draw on his childhood experiences in writing the book(写书时撷取了他儿时的经历)。

3. 略特殊的用法：

1) 依靠：rely on;(The doctor put me)on drugs; on false pretenses(用骗人的手段); fed on milk(被喂牛奶); on his recommendation,如：I picked this store on his recommendation.(因为他的推荐而接受了这个邀请。); live on(a small stipend, or on ＄1 000 a month)(依靠一小笔钱生存)。

2) 针对：Congratulations on (your new job); informs on him to his parents(偷偷向他父母揭发他); a variation on his theory(他理论的一个变体)。

3) 进击或游行中的前进方向：march on one's enemy; march on Washington。

4) 相对：a one-on-one conversation(一对一谈话)。

5) 处于某状态：stay on message(说话不离主旨); on strike(在罢工中); on bass(演奏贝司中); on my first drink(喝第一杯酒的时候); on the cheap(以廉价的方式); on the alert(处于机警的状态); on the sly(偷偷地)。

6) 表示谁出钱：This meal is on me. This beer is on the house.(这杯啤酒是本酒馆免费赠送的。)

7) 表示立刻：right on cue, 表示"好像事先安排好一样，非常巧"的意思，如：She started crying right on cue; on arriving（一到达马上……，也可以说 upon）; on the stroke of midnight（午夜钟声响起的时候）。

8) 比某人强：He has nothing on them.（他不比他们强。）

9) 有某人罪证：也是 He has nothing on you.（他手里没有你的把柄。）

10) 凭借：wish on a star（借着星星许愿）; swear on my honor（凭名誉发誓）。

11) 后面跟时间：on a deadline（正在赶截止日期）; on time（准时）。

12) 惯用搭配：keen on sth.（热衷于某事）; provide an estimate on fixing the machine（为修理机器提出一个估价）; hit on（追求某人，比如 He was hitting on me at the party. 当然 hit on 也可以表示"敲击在什么地方"：The ball hit on the wall/hit the wall.）。

二、At 的用法

1. 常见用法：

1) 表示某精确方位或时间点：

a. at my father's house

b. stabbed him at the neck

c. sick at heart（心中愁苦）; out at elbows（穷到露出胳膊肘/穷得叮当响）

d. arrives at Paris

e. good at math; He killed it at the game yesterday.（昨天的比赛棒呆了。）

f. at that time

2）表示对某人进行攻击、瞄准：level attacks (or slanders) at him（对他进行攻击或诽谤）

3）表示某种积极的连接或联系：比如 at sea 指水手出海（at the sea 也可以），而如果用其他介词，如 in the sea, on the sea 就表示在海上旅行，主语与海洋的关系变得比较被动。类似的例子还有：in school 是比较被动的状态，表示处于求学期间，而 at school 表示正在学校办事；at the hotel 表示在酒店里处理事情，而 in the hotel 表示单纯的地理位置；in hospital 指住院，at hospital 指在医院里看病、工作或处理事务。

2. 较特别的用法：

1）正在做某事：at work, at dinner, have a crack at the problem（尝试解决这个问题）。

2）处于某种状态：at peace, at rest, at a loss, at war, at random。

3）以什么为代价：at (the) peril of his life（冒着生命的危险）。

4）越过障碍达到：He is getting at something very important.（他正在接近一个很重要的发现/观点。）

5）表示距离：at point blank, at an arm's length, at bay, at length。

6）表示价格、速率、温度、年龄：at this price; at full speed; at this rate; boils at 90℃; at one setting（就是每次，一般指读书，如：I finished reading the book at one setting.）。这里的 at 可以与 in 比较，in 后面一般跟数量，如 in large amounts。

7）表示原因：这里一般跟名词，如：I softened at the thought of his kindness.（想到他的善意，我也就软下了心肠。）类似的还有 delighted at him, terrified at his sight 等。

8) 和最高级形容词连用：at best, at his best。

9) 惯用搭配：men at arms, be at auction, at once, at one with, at large 等。

三、In 的用法

1. 常见用法：

1) 在某空间内：

a. 具体建筑：in a place, in a house 等。

b. 抽象的内部：in a book, in his mind, in Chaucer(在乔叟作品中)。

c. 在某方面：in politics；著名现代主义诗人艾略特就说过，他是 a classicist in literture, royalist in politics, and Anglo-Catholic in religion(文学中的古典主义者，政治中的保守主义者，宗教中的英国国教——天主教徒)。

d. 在某种天气和人造元素中：in the rain, in all weathers, drowned us in words。

e. 某个时间段里：in 1987; in my childhood(与 during my childhood 有区别吗？有语法书可能会说，during 表示过去的一点，in 表示整个时间段，但这两者在实际使用时是很难区分的，一般两者可以混用，也都可以用 when I was a child 来替换。我们要注重语法，但不需要在语法上过于钻牛角尖)；in a week(表示将来的话是一周后，表示过去的话是在一周的时间里)；within a week(不论什么情况下都指一周之内)。

f. 处于某种状态：in hot water, in deep water, in trouble, in chains, in bondage, in disguise, in the name of, in the character of；比较特殊的有 in the right, in the words of, in the blood。

g. 在事件或过程中：in the event of rain（如果有雨），in the course of（在某一过程中）。

2） 以某种方式：in this manner，in ways that suit you（用适合你的方式）。

3） 表示数量：in large amounts，可以与 at 表示程度、温度、距离、价格、速率的用法进行比较。

4） 受影响的地方，与 at 用法相似，但一般和头部眼部等联系：blind in one eye，shot in the head。

5） 披裹着某物：man in black，lady in mourning。

2. 略特殊的用法：

1） 对某人或某人的品质有信心：believe in you，have confidence in our abilities。

2） 从某角度来看：I'm just like you in that I have a drive toward perfection.（我和你一样，也有完美主义倾向。）

3） 参与某事：We are in it together. He is not in it with them.（他不与他们串通一气。）

4） 在某事中有利益：There is not much in it for you.（这件事你没什么利益可图。）

5） 惯用搭配：in part; in response to; in reply to; in case (of); in itself (per se); in sb. (内在于某人)，如：I've found a great friend in you. You have it in you to become a great singer.；也可以跟在表示分割的动词后面，如：split in two；跟在 wanting 和 lacking 之后，如：lacking in passion; in general 等。

四、次要介词

略微次要的介词还有很多，都可以用与之前类似的方法（大量阅读加上不断整理规律和查词典）来琢磨和掌握，我下面挑选这些介词主要的亮点来逐一介绍。

1. by 的用法：by experience（通过经验）；by trial and errors（通过反复试错）；organized by theme（以主题来进行组织）。

by 与 with 和 at 的区别：1) surprised by you, surprised at your discovery，by 后面跟人，at 后面跟某件事；2) He was killed with a knife, killed by his family. with 后面跟工具，by 后面同样跟人。

2. into 的用法：look into it（调查）；be into films（对……感兴趣）。

3. onto 的用法：You are onto something.（你似乎在揭示一个重要的问题。）另外，onto 还经常与动词 map 搭配，字面上意思就是将一系列概念在一幅图上标出位置，就好像在地图上标识地标一样，引申开来也可以表示将两种体系一一对应。下面造两个句子分别揭示这个词组的字面和比喻意义：

1) He drew up a list of common emotions and made a drawing of the brain. He then mapped these emotions onto the different parts of the brain.

2) There is no correlation between how one does in school and how they fare at work. It's wrong to map career achievements onto academic records.

4. under 的用法：under these circumstances; under the illusion, under the impression; under the new dispensation/order（在新的体

制下）。

5. upon 的用法：stumble/come upon（巧遇某人，或巧遇某事）；upon something or doing something（紧随着某事发生）。

悲哀的副词

美国超级畅销书作家斯蒂芬·金有句名言:"通向地狱的路是由副词铺成的。"意思是说偶尔看到一个挺好,多了就像野草一样让人生厌了。但美国最精致的小说家亨利·詹姆斯却说:"我热爱副词,它们是我唯一真正尊敬的限制词。"

这两位作家可能并没有多大的分歧,副词有两种用法,用来描绘行动可能比较笨拙蛮横,但用来对程度和速度加以限定,或许是唯一有效的方法。

表示方式的副词一般可以被更为生动的表达方法所调换:

比如你可以说:He smiled at me mischievously.(他对我调皮地笑了笑。)但这不如说 He winked at me 来得动态分明。Smile 还有许多特别生动的同义词,如 simper(痴笑、媚笑),chuckle(偷笑),scoff(讥笑)等,这些都可以说是自带副词的动词,比副词更有画面感。

副词也可以用短语来替换。如:He looked at me pleadingly.(他祈求般地看着我。)可以替换为:He pleaded with me with his soft doe eyes.(他用他柔软的母鹿般的眼睛向我祈求。)后面这句可能更充满形象感。

但用来做限定的副词却是很有用的。如果要表示"在某种意义上(限定范围)"、"在某种程度上"、"以某角度来看"这些意思,用副词来表示就比较恰当,有时也更精练。

詹姆斯在《金碗》里就有一个名句,以下将之改写成一个简略版:Anyone who sees them would find his observation, aesthetically, in some gratified play of our modem sense of type, so scantly to be distinguished from our modern sense of beauty.

翻译:任何看到它们的人都会发现他眼前的景象,从审美上来说,是一种典型现代形象的变体,使人非常满足,离现代意义上的美只有一步之遥。(这里的 aesthetically, scantly 是范围或程度上的限定。)

再举一个典型句例:She was in fact however neither a pampered Jewess nor a lazy Creole; New York had been recordedly her birthplace and "Europe" punctually her discipline.

翻译:实际上她不是一个被娇惯了的犹太人,也不是懒散的拉美混血儿;她记录在案的出生地是纽约,而"欧洲"如约而至地成为了她的专长领域。(recordedly是"从书面记录的意义上来说",而 punctually 是为了与之前的 recordedly 相辉映,也很简洁。)

当然我们说英语也不必太拘泥,用来修饰动作的副词也是可以使用的,不要堆砌就可以了,或者用得新颖些,让人耳目一新,但不要太突兀出格,那就没有问题。

加拿大诗人翁达杰曾有诗云:男人像形容词,女人像副词。原文如下:

有时候
我想
小说中的女人太
受副词控制。
她们的离场

总是一派芬芳的描绘

"她从桌边起身
鞋子就落在那里,
漫不经心地"

"让我们保持头脑
清醒,她醉态可掬地说,"
这种字样
总是油墨未干的样子

相比之下,男人就直白多了:

男人从来不轻柔地散去。
他们分泌形容词。
"她落入
他毫无准备的臂弯。"
他混合了一种"阴险"的饮料。
他把自己疯狂的种子
洒在生菜上……

　　写诗当然是诗人的乖张和自由。这首诗歌倒是无意中道出了一个真理:副词伴随着动作,表现的是一种动态,让人觉得"油墨未干",而形容词却是一个状态,清晰平展,一马平川。在某些情况下,副词可以和芬芳的女人一样,蕴藉隽永。

也许我们可以说形容词和副词没有太本质的区别,形容词只是静止的副词。这也就是为什么有些动词后面可以跟形容词,表示持续的状态。这些动词一般也都是静态动词,见以下几例:

The snow glows **white** on the mountain. 白雪皑皑

He stands **still** under the sun. 站立不动;这一例里的 still 也已经转化为副词了。

He sat **quiet** for a few moments. 一定要用 quietly 也可以,表示静坐。

He lay **angry** and **confused** on the floor. 愤懑地躺着

The solemn clouds hung **white**. 白云悬在天上。

The clouds floated **woolly** in the sky. 白云棉絮般飘浮在空中。

She stared **speechless** at the crowd. 无语凝视

His arms dangled **limp** at his sides. 用 limply 也可以,表示双手松软地垂着。

当然,还有不少持续性动词一般不跟形容词,如:waited angrily for someone。

与上述现象相关的一个语法现象叫作 flat adverbs,也就是不加-ly 的副词,比如说 take it easy,easy 没有加上 ly,但功能与 easily 一样。前面例句中加粗的词不算 flat adverbs,都是货真价实的形容词。

另外还有一个相似但不相干的现象。有人曾经问我,《冰雪奇缘》插曲的歌词里有一句"I love crazy",为什么不是"I love crazily"。这个问题比较容易解释,前面 Anna 说的是"Can I just say something crazy",所以 Hans 就说"I love crazy",意思是"我喜欢疯狂,你说吧"。这里的疯狂并不修饰"爱"这个动作,只是爱的对象,实际上就是 crazy things 的简略表达。同样的例子还有:A:This dress may be a bit too flashy for you. B:I love flashy!

诡异的 THE

经常看到有人说,英语里名词前面要不要加 the,简直是碰运气的一件事,有些情况连英语母语人士也有分歧,我们更是拿捏不准。这在很大程度上是实情,但凡事有挑战才有研究思考的必要,英语语法也不例外。我以为英语的名词和冠词很混乱,但有一定的规律,理解了规律,也就能更安心地接受混乱。下面分四部分来阐释我对 the 的理解,第四部分最为有趣。

第一、一般来说,我们都知道如果一个名词是特指,要加定冠词 the。不过,什么是特指,有时候非常难以界定。"桌上的猫"(the cat on the desk)或者"我昨晚梦见的人"(the person I dreamed of last night)很容易确定,但不能确定的情况是大多数。比如"我班上的学生",这里的学生可以认为是特指,因为不包括别的班上的学生;也可以认为是泛指,因为有一群人,没有鲜明的特点。大多数复数名词都是这样模糊,前面加不加 the 的情况都存在。

比如说,你抬头看到云朵在阳光下飘浮,这里的云朵是特指还是泛指呢?指你眼中见到的所有云朵,还是其中部分?这个见仁见智,所以加不加 the 都可以。Above me (the) clouds unfurled in sunlight.

同理类推,the humanities, the social sciences 中的 the 也经常省略。比如说 scholars in (the) social sciences/humanities,这里的 the 就是可加

可不加的。

第二、名词后面如果跟 of 起头的限定或修饰性短语,那么这个名词一般属于特指的情况,要加 the。有的情况下可以用 a/an 或不加任何冠词(见下面第三例),但即便如此,用 the 也允许。

Who is to set the intellectual agenda of the human and social sciences?

The University of Arizona(而如果是 Arizona State University 就不要加 the)。

She is the daughter of a dentist and a lawyer. (如果不是唯一的女儿,可以用 a,但用 the 也可以。如果 daughters 是复数,那么可以省略冠词,但加 the 也允许,如:They are (the)daughters of liberty.)

The League of Nations failed not so much for lack of material means as for lack of efforts in trying to find an equitable solution. (这里的 for lack of 接近于一个固定搭配,大多数情况下不加 the,当然加 the 的时候也有。)

第三、当然语法书还会告诉我们很多规则。重要的有以下几条:

1. 首字母缩略词前面一般要加 the,但如果这个词变成了一个可以发音的单词,那么就不加。

比如 attend the ASA, work for NATO。

不过前一种情况的 the 也经常被省略。

2. 称号性名词前面不加 the,如 He was elected President of the United States. 或者 Let me introduce to you Jim Mckenzie, President of OBK Inc.(现在即使是称号前面也有人用 the 了,虽然还是去掉 the 略正式常规些。)

不过,这里要注意,如果在 President 前面有修饰语,那么也要加 the：

He was elected the 42nd President of the US.

有时候普通名词前的 the 可以去掉，变成类似称号的专有名词：

This is Cafe Dota, scene of their first meeting.（scene 前面加一个 the 也可以。）

3. 海洋、山脉和河流前面一般要加 the, 如 the Atlantic Ocean（或者单说 the Atlantic）, the Urals(Mountains), the Yangtze (River)。湖的话一般不加 the, 如 Lake Superior, Lake Michigan, 山峰也不加, 如 Mount Everest。

4. 乐器前要加 the, 体育中的球类不加 the, 如 play the violin, the erhu；play volleyball 等。

5. 地区的情况略为复杂，专有名词前不加 the, 如 Manhattan, Queens, 不过 Bronx 前常常加 the, 这因为 Bronx 原来是一个家族的姓, the Bronx 指属于布朗克斯家族的地盘, 不过现在人们在不是很正式的场合会省略 the。

第四、以下这点大多数语法书都不说, 但却是最重要的, 那就是英语里名词的弹性。

人们一般把英语名词分为两类：可数的具体名词, 不可数的抽象名词（强调品质, 而不是具象）。语法书说这两类名词有区别, 可实际上它们之间是可以互相转化的, 也就是说相当一部分名词既可以作为可数名词, 也可以作为不可数名词。这也正是英语最有趣的地方之一。

比如：

Blossom：作为可数名词, The branches are covered with blossoms；作为不可数名词, The branches are covered with blossom.（抽象名词前面经常不用冠词, 不过如果在 of 短语前, 那么习惯上加 the 更普遍些。）

Endeavor: He made an endeavor. Human endeavor is futile.

Law: This is a good law. I want to study law.

Science: Social sciences are tough to study. Social science is difficult to study.

我没有做过统计,不过英语中的名词大都可以在具体名词和抽象名词之间转化。而几乎所有的名词在一种特定情况下都可以抽象化,前面不加 a/an 或者 the,也就是出现在并列短语中的时候:He was in shirt and tie yesterday. He's studying the relationship between manager and employee. 这可以说是一条黄金法则,是语言精简原则的体现。

更进一步说,普通可数名词不仅可以抽象化不可数化,也可以整体化,一般通过加 the 来实现。

以 detail 为例:

1. 作为普通可数名词:He told me about a fascinating detail in his essay.

2. 作为抽象化、品质化的不可数名词:You need to learn to pay attention to detail when going on an interview.

3. 作为整体化名词:The devil is in the detail.(细节是最关键的。)不过现在也开始有人加 s 了,即 The devil is in the details. 原来是说所有的细节、作为整体的细节,加了复数就变成特指眼下的细节了。

要注意,man 是例外,表示整体的人和抽象化的人(强调的是作为人的品质,而不是具体的人形)用不加 the 的 man,后面跟单数动词。这一点和 God 这个名词类似。

当然,这条规则和所有规则一样,会有特例。比如说,brain 可以做普通名词(a powerful brain),但变为抽象名词的时候要用复数 brains,如 He has brains.(他很聪明。)另外,the brain 是指一个整体性概念,指作为物质的大脑,通常与精神性的意识(the mind)相对。不过,当 the brain 和 the mind 两者并列的时候可以省略 the,如 the relationship between mind and brain,这一点参见前面的黄金法则。

又如 in the short term, in the long run(长期内),虽然不是特指,但还是要用 the,不用 a,这基本属于习惯用法的范畴,如 In the short term, the prices will go up.

在上述四点之外,还有很多关于 the 的规律和很多习惯用法,自己可以多总结。英语的名词和冠词是极其有趣的,和语言的其他方面一样,给喜欢探索的人们准备了 holy grail(圣杯)和 crown jewels(御宝)。多记忆和多寻找规律可以并行不悖,不要过分强调规律,也不要过分强调没有规律,平衡一些比较好。

最后,再补充一点。在简历和新闻标题中,the 一般要省略。比如 June 2014, BA in English, University of Missouri。又如 Old Man Saved by SAA Soldier。艺术作品的标题也很有趣,如 *The Iliad*(《伊利亚特》),这里的 the 是必需的,但如果以作者名字开头,那么 the 通常省略,如 Homer's *Iliad*。其他以 the 开始的标题类似。

噼里啪啦、窸窸窣窣、滴滴答答：
用语言表达声音效果

在复旦上高级英语课的时候曾讲到王小波杂文中的这么一句话："关师傅舞着大刀片（木头的）劈劈啪啪在他们的屁股上打个不休。"（此处描写的是《霸王别姬》的情节）

噼噼啪啪（劈劈啪啪）地打人该如何翻译呢？尝试了三种方法：

1. Master Kuan's wooden blade goes "whap, whap, whap" against their tender buttocks. 把"噼噼啪啪"翻译成拟声词"whap"，"whop"也可以。

2. Master Kuan keeps cracking/smacking/whacking the two apprentices across the butt with a wooden blade.

Crack，smack，whack 虽然是动词，但也可以认为其本来就有拟声性，直接使用就可以了。

3. Master Kuan smacks/whacks their buttocks over and over with a wooden blade that makes loud cracking noises.

拟声性动词再加上对声音的描绘也是可以的，"噼噼啪啪"可以被描绘为 makes cracking noises。

可见，翻译中主要使用两种方法：使用拟声词，或者使用拟声性动词。由此想到，可以专门讨论一下拟声词和拟声动词的用法，即如何在英语句子里表达声音效果。

一、拟声词

有助于表现出各种声音效果：

举例：

1. He hears a loud whooshing in his ears. 他耳朵里总有"嗖嗖"的耳鸣声。

2. You hear a pop when you open the can. 开罐头的时候会听到"扑"的一声。

3. a loud boom 一声轰隆隆巨响

4. The tap went tat, tat, tat the whole day. 水龙头一整天都滴滴答答的。

5. The watch goes tick tock if you put it close to one of your ears. 把手表拿到耳边，就能听到滴滴答答的声音。

二、不少动词本来就有拟声性

比如 crash 本来就是"噼噼啪啪"或者"哗啦啦"碰撞的意思，smash 本来就是"哐当"一声碎掉的意思。

举例：

1. The bowl (was) smashed to the ground. 那只碗"哐当"一声在地上打碎了。

2. The helicopter came crashing to the ground. 那架直升机"哗啦啦"地坠地。或者 The helicopter crashed to the ground 也可以。

下面综合这两类词,再来翻译一些有趣的表示声效的句子和词组。

1. 天一放亮,新房门口就响起了"噼噼啪啪"的鞭炮声。

Firecrackers went off at dawn in front of the new house.

Firecrakers 这个名词包含 crack 这个动词,本来就有拟声性。

2. 碎石头噼噼啪啪落在了院子里。

Small rocks came crashing down into the garden.

3. 门"砰"的一声关上了。

The door banged shut.

4. 天际雷声隆隆。

Thunder rumbled in the air. (a rumble of thunder,隆隆的雷声)

5. 他发射了手里的火枪,弹药库"轰"的一声着起火来。

He shot his fire gun, and kaboom/boom the armory went up in flame.

6. 冰块窸窸窣窣的裂开声

the crackles of ice splitting

7. 门吱吱呀呀地被推开了。

The door opened with a creaking/rattling noise. 或者 The door creaked/rattled open.

8. 老鼠吱吱叫唤,青蛙呱呱叫。

We heard rats screeching and frogs croaking/squawking.

9. 她叽叽呱呱说个不停。

She clattered/twittered/clucked away.

10. 房间里一片嗡嗡声。

A low hum spread across the room.

11. 鸟叽叽喳喳叫

birds twittering/chirping/quacking

12. 他哼哧哼哧地喘着气。

He snorted and wheezed.

wheeze 是大声喘气,喘气时有啸声。

13. 虎啸龙吟

tiger howls and dragon roars（两个名词词组）

14. 萧萧马鸣 horse neighs/bleats;马嘶白日暮。The horse neighed to the settmg sun. ;马蹄哒哒 the clicking and clacking of horse shoes

15. 嗷嗷鹿鸣,呦呦鹿鸣：dear snorts/bleats/grunts

16. 风声鹤唳 the howling of winds and the bleating of cranes

17. 鸡声茅店月。The rooster crowed under the tavern moon. ;清晨母鸡咯咯叫。The hen clucked in the morning.

18. 犬吠 dog barks;猫叫 cat meows

以上用法在不同语境中要略加变换,暂时先只想到这些词汇,平时大家也可以自己积累。

最后补充一下,各种感叹词也有拟声效果,以前曾举过很多例子,这里回顾五个我最常用的。所谓最常用就是在口语或日常邮件中经常用到,用来传达某种情绪：

Ahem 咳嗽声

Ahem, I don't think we should be talking about her private life.

Alas 遗憾无奈叹气声

Alas, they will never listen to us.

Argh... 抓狂声（ugrrr 也可以）

Argh... I can't stand it.

Shhh...一声嘘,让人轻些,"lower your voice"的意思。

Shhh, don't talk so loud.

Haha 大笑声

Hahaha——that's definitely my favorite expression of all times!!

看图说话

提高英语写作能力的方法在本书第一辑里做过不少介绍,包括回译和重写。有时候看图说话也是很好的方法,这里举一例。我在 2015 年给复旦英文系大三学生上高级英语课时曾经做了一个实验,与学生们互相补充交流,完成了如下一篇看图作文,这里与读者分享。

Chopping Wood

Moomin sensed a whipping wird as soon as he opened the door, and retreated quickly into the vestibule. "What are you hesitating for?" He heard his wife yelling from a couch by the living room fireplace. Moomin braced himself, tightened his collar once again, and forced himself out of the door, a red axe in hand. They were running out of firewood and his wife told him to get more.

Winnie lowered his head against the wind and walked as quickly as he could to the storeroom across from the house. Shutting the door behind him, he let out a bitter sigh. He took a piece of log from the top of the woodpile and placed it on the big stump in the middle of the room. He lifted the axe above his head and then swung it down so hard that his behind was almost tilted into the air. The axe fell into the log with a soft, troubling thump. Moomin knew he didn't split it. Grumbling to himself, he proceeded to make a second attempt.

As he pulled on the axe, however, he found to his horror that it was stuck fast in the log. He pulled once again and the ax held out against him just as stubbornly. Fighting a cold sweat, Moomin clutched his hands tightly around the handle and started pulling on the axe again. And again he failed. Now despair turned into rage and the cleaving in the log stared at Moomin like a big leering mouth. He uttered a loud curse-the first one over several months-and threw the axe far back. "Just wait until I show you what I..." he shouted as he struck the axe down hard. All of a sudden, he felt a blunt blow to his head, almost blinding him, when at the same time a loud crack came from below. He fell down and almost passed out. As he opened his eyes a few moments later, he saw the stump in front of him split into pieces and the log, having hit him in the head, now lie innocently beside his left foot. He was astounded by his own physical prowess, even as his despair returned. He allowed himself to stay on the ground, and for a moment blotted out the house across.

(写作：金雯与学生们)

说笑话需要天赋，但也可以训练

2015 年秋季学期，我在复旦上高级英语课的时候，在课程中间插入了两个"幽默诙谐周"，其间，我会让学生读一些关于斗嘴的英语段子，分析其中用到的修辞手法，然后试着写一个英语笑话，并在大家的建议下加以修改，最后读一篇有关笑话心理学的文章（取自 HA! *The Science of When We Laugh and Why* 这本书）。这的确是提升了学生和我自己的幽默能力，当然也还有不少提高的空间。

幽默能力和一种特殊的语言能力密不可分，就是将两个语义上距离比较远的词瞬间在脑海中关联起来的能力。很多人的大脑是根据意义来整理词汇的，但有时候有些词的发音和拼写几乎一样，而意思却相反或距离遥远，这时候就产生了双关词、近音词。若看到双关词能迅速想到几个不相干的意思，或者看到一个词马上能想到发音相似的词，这就具备了说冷笑话的语言基础。所以写笑话最终是一种思维和词汇训练，就像猜谜语说歇后语一样，是语言学习中不太寻常又合乎逻辑的一个环节。

下面给大家看几个我们班学生写的英语笑话实例：

1. Tina opened a story book to read the story of *The Little Red Riding Hood* to little Marie. "The little red riding hood found that the wolf had eaten her grandmother. She got very angry and punched him on

the nose..." Suddenly Tina burst into laughter. Little Marie got confused and asked,"Why are you laughing, mom?" "Well, it's just so funny. I mean... the punch line."

双关词：punch line。(笑话中"抖包袱"的一句,点睛的一笔;但 punch 有打人的意思,所以 punch line 也可以理解为"打人的那句"。)

2. A man walks in an opera house with a bottle of liquor in his hand.

Security guide：Sir, there is no drinking allowed in here.

Man：Oh, don't worry. I will be very quiet.

同音词：allowed, aloud。

3. One day, in a science class, a middle-aged man in dark blue is shouting himself coarse to the students. But no one seems to be listening, and the classroom is all abuzz. The teacher is running out of his patience, and yells at the top of his voice, "Gentleman, order!" The whole class yells to respond, "Beer, please!"

双关词：order 可以表示秩序,或者点菜点酒。

4. A woman in her fifties started knitting when her car came to a stop at a red light. When the light turned green once more, she didn't stop knitting but continued driving using the car's automatic accelerator. Seeing this, the policeman standing on the roadside went into a rage. He shouted into her window, "Pull over, Auntie!" The woman shouted back, "Have you lost your mind or something? It is a pair of socks, not a pullover!"

同音词：pull over 是动词词组,表示停车;pullover 是套头衫的意思。

5. The wife points to a bottle of Chanel perfume on her iPad and feverishly says to her husband, "I'm dying to get this." Her husband replies with a distressed expression, "I'm also dying to get this for you."

双关词：dying 表示急不可待,也表示鞠躬尽瘁。

6. A wife gets annoyed at her lazy husband and scolds him, "Do you have to sit around and do nothing every day?" He replies, without lifting his eyes, "No, it's my choice."

歧义句：Do you have to 可以表示"你难道一定要",也可以表示"你是否不得不"。

7. A girl asks her boyfriend if he knows how many types of dinosaurs there were on earth once upon a time. The boy says, counting on his fingers, "Well, let's see, there is Allosaurus, Spinosaurus, Carnotaurus..." "Wow, how do you know that much about dinosaurs?" "You know, I have a Thesaurus at home."

近音词：thesaurus 是词典、百科全书的意思,但是看上去很像表示一种恐龙的单词(恐龙的名称很多以-aurus 结尾)。因此,这里的 thesaurus 产生了幽默歧义,可以表示家里有本词典,也可以被人理解为家里养了一只恐龙。

8. A husband walks into a Chanel boutique with his wife. He looks around and says in a huff, "People are so crude these days. They think dress, bags, and perfume are 'culture'!" "Honey, that's 'couture'," the wife replies.

典型近音词：couture 和 culture 音相近,意思不相关,一个是定制服饰,一个是文化。

如何写好英文句子（一）

语言是立体的，也是线性的；句子怎么写，是技巧，也是艺术。

知道怎么写句子，文章的骨架就容易挺拔，单词和短语就有了合适的地方安家。虽说思想情感是文章的经纬，但思维何尝不依靠句式呢？知道怎么组织句子和知道怎么思考并没有本质区别。"句有可削，足见其疏"，自然是一种说法，外国文体家也多强调要摘除"不必要"的字，但句式的奥妙远非凝练所能概括。

我并不想写句法书，做不到面面俱到，只想择句法精华，谈一下构造英语句子的诀窍，以自己的分析和感受为主，也揉进些平时看到的建议，以后会不断更新扩充。自然语言从来不符合纯粹的逻辑，不能完全依照规则推导出实际的语言用法，最好是熟稔语法，又大量地分阶阅读，接触各种语言使用习惯，将规则和经验结合起来。（语法方面我推荐旋元佑的《语法俱乐部》，因理解透彻而通俗易懂。）

英语句式和中文句式的道理是一致的，语言总有相通之处。中文好不一定英文就好，但是英文好的话里面一定有中文好的功劳。我们都有在写中文的时候调整句型的经验，写英语时也一样。英语和中文都会出现绵延不绝的句子，也有短成一个词的句子。口语化的文体里短句子多，书面语中长句多，这恐怕是常识，长短句交错，也同样是常识。这些大原则之下还有很多细小微妙的规律，掌握好了一通百通。

不过语言规律都是用来打破的，很多用法来自无法追溯根源的"习惯"，如不确定一个用法是否符合当代人的规范，可以多查查语料库（如British National Corpus，American Corpus of Contemporary English等）中的例句。

如果用英文来写开场白，会是什么样子的呢？

How to Write an English Sentence

Writing a sentence is nothing short of magic, just as a conjurer turning a bundle of colored scarves into a dove or rabbit seems magical. Writing, not unlike conjuring, involves a procedure of conversion. Several ideas, sentiments or mental images may occur to you simultaneously, in a lumpy mass or a peculiar structure, and yet they have to come together to form a linear sequence on the page. Some may picture sentences as trees, but real sentences are nothing like trees. On paper, they look like strings, threads, or rods forced to bend at the edges of each page. How does a mess of things turn into an orderly succession of words? Mostly by virtue of unconscious mental processes, regulated by the grammatical rules and linguistic habits that you have assimilated.

Put differently, your ideas are molded by the linguistic clay you have. Thoughts are not ideas without a verbal form, so your ideas are as much tailored to the sentence structures you use as the other way around. Writing an English sentence, that is to say, entails mental processes that are not deliberate.

But deliberation is also a good thing, even a requirement, for writers of English essays at all levels. Slowing things down, taking a microscope to what one's written, and making revisions help one write better in any language, but particularly in a foreign language. As long as it doesn't completely hamper your speed, you do well to reflect consciously on how to craft a good sentence.

I am dedicated in the following pages to providing orderly, though not theoretical, views on how to write sentences. Initial rules include varying the length of one's sentences and starting each sentence in light of how the preceding one ends. It should be a mantra that every sentence pick up, explicitly or implicitly, where the immediately preceding one leaves off. Keeping both points in mind helps us generate coherent thoughts, and sentences. But there is much, much more to crafting a sentence that holds up under professional scrutiny.

接下来具体谈谈句法的核心和关键。

一、关键的两点

1. 语义重心

写一句话之前要想明白句子的重心在哪里。如果是短句,要问重心落在哪个词或词组上,而如果要表达的意思很多,要写长长的句子,就要问重心落在哪件事上。组织句子要注意凸显重心,避免无意间强调了应该弱化的内容。主句的地位比从句重要,把一件事情放在句子的后部(就是右部)也有强调作用(一般来说是这样,但例外也有,比如本文后面会谈到的条件从句),另外还专门有强调句式。

2. 语义承接

写一句话之前要想清楚如何使其与前面一句在逻辑和形式上有所承接。逻辑联系不一定要用关联词明确地展示出来，但务必要清晰。一般来说，前面一句的结尾和后面一句的起头方式要有一定的呼应。

这两个问题在写句子的时候要同时考虑。另外要注意一点，写学术论文的时候，切忌把几个重要的意思堆砌在一个句子里，这样别人会找不到重心，不能理解你的思路。

举一个简单的例子说明语义重心和语义承接对于写好句子的重要性。

首先来看一个简单的英语句子：She came back when I thought I had put her out of my mind. 当我以为已经把她忘了的时候，她又回来了。

这个句子两部分的力度相差不多，when 引导的这部分是表示时间的从句，语义上与主句相比，有所弱化，但因为出现在句子右端，便多了一点分量。总体来讲这个句子的左端和右端力量均衡。那么两部分调换一下位置可以吗？当然可以，要看语境（尤其是之前的句子）是什么。

比如以下两种可能性：

A. I broke up with her two years ago. Since then, we've never for once made any contact. She moved to a city separated from mine by 1 000 miles. Just when I thought I had put her out of my mind, though, she came back into my life.

这里，先说从句为后面主句的内容作了铺垫，便于将内容从"她离我很远"转折至"她重新出现"的事实，不至于突兀。最后这个句子强调的是"她又出现在我的生活里"这个事实。

B. As soon as I started a real relationship, I tried to dismiss the imaginary girlfriend that I had invented for myself. But she died hard. Her fictitious nature was of great assistance to her. She was always coming back when I thought I had put her out of my mind.

这里先说主句,主要是因为前面几个句子为这句的意思作了充分铺垫,所以可以直接把主句亮出来。最后这个句子强调的是"她又出现在我的生活里"的尴尬时机。

二、主题句

人们经常说每一段要有一个中心句,一般在段落之首,这是没错的。主题句(topic sentence)的构造也遵循前文所说的道理,既要把握好重心,也要能承上。

举一个简单的例子(简单在于枯燥,语言中没有具体意象,没有隐含意义,没有伸进鼻子嗅一嗅的空间,缺乏韵味。但考试类论述文用这样的文字也可以,对学术文章来说这是基本要求):

It may also be tempting to agree with the author on the basis that arts patronage is neither an appropriate nor a necessary function of the government. This argument has considerable merit, in three respects.

——引自《GRE官方题库范文精讲》

要注意,"每一段都要有一个中心句"这个规则主要是针对论述文的习作来说的。大多数时候,不论写什么文章,都不可能一段只讲一个意思,很可能要表达几个紧密相关的意思,这样的话就并不机械地需要中心句,只要把这些意思逐个表达清楚,明确互相之间的关系就可以了。

不太机械的一例中心句(适用于非学术体评论文): The question had nagged at Diamond since his early visits to New Guinea, the island that would become virtually a second home. 这个主题句后面简单介绍学者Jared Diamond的生平,但作者不直接概括,而是先承上,再挥挥手开

启后面的叙述,即所谓的"指向"(gesture toward),而不是呆板地给出一个中心句。

又如:A naive outsider might imagine that Diamond's ideas would go down equally well with the left-leaning anthropology establishment. 这个中心句跟前面一段也有所承接,并引出本段主要内容,即左派人类学家团体对 Diamond 思想的反馈。

——引自"Jared Diamond:'Humans, 150,000 years ago, wouldn't figure on a list of the five most intersting species on Earth', *The Guardian*, 10-24-2014"

三、条件或表示时间限制的从句或短语在句子中的位置

一般来说,条件或表示时间限制的从句或短语要放在句子前部(左部),因为不说条件和限制,先亮出主句里面的结果,会让人摸不着头脑,感到语序混乱思维跳跃。具体请见如下两例。这个规矩当然不是死的,如果调换语序不会引起阅读困难,那也未尝不可。

1. And while(或者 as) I was writing this review, I discovered that if I were going to review books I should need to do battle with a certain phantom.

2. When your secretary invited me to come here, she told me that your Society is concerned with the employment of women and she suggested that I might tell you something about my own professional experiences.

——引自伍尔芙的演讲"Profession for Women"

> **小贴士**
>
> If, as long as 都可以引出条件从句,比如:As long as you don't stray too far from the topic at hand, you should feel encouraged to spice up your speech with amusing anecdotes.
>
> but for 同样表示条件:But for his tireless advocacy, I would never have made it in professional football. 如果没有他不懈的提携,我永远也不可能在职业橄榄球运动中获得成功。

如果把条件从句放在主句右边,那么这个从句的意思就被弱化了。Please come and see me after class, if you don't mind. 后面这部分纯粹出于礼貌,并不作数。或者:You wouldn't have succeeded but for his help. 语义重心在"你本来不会成功的",而不是"他的帮助"上。

另外,表示即使的 even if 引导的从句一般跟在主句后面:The plan wouldn't have worked even if we had the boss on our side. 要注意,even as 等于 as(当),不是"即使"的意思。

> **小贴士**
>
> 1) 一般来说,长句子最右边的这一部分在语义上是得到强调的,但条件从句出现在主句右边的时候语义却得到了弱化。
>
> 2) 表示时间和地点的介词短语一般都要放在句首,但若同时出现最好不要连在一起用,一般把时间提前。
>
> 比如:
>
> a) I was born in 1990 in Shanghai. 可以变成:In 1990, I was born in Shanghai.

b) In 2012, she argued in "Toward a Pacifc World" that the Asia Pacific was as much a coherent region, deserving of scholarly attention, as the Atlantic World.

这里，所引用文章的名称"Toward a Pacific World"要和 2012 分开来，但也不能移到句末，因为句末要说的是这篇文章的内容，放在最右边有强调的作用，标题不需要强调，插在动词之后最好。

当然，表示时间的介词短语或副词也可以放在主句右边表示强调，比如：People had great hopes for world peace in 1919, but not now. 句子很短的时候，将表示时间、地点的介词短语放在句尾也未尝不可，如：I sleep a lot in the summer。

四、表示原因的从句和短语

置于主句前面：

1. Yet, because he was so small, and so simple a form of the energy that was rolling in at the open window and driving its way through so many narrow and intricate corridors in my own brain and in those of other human beings, there was something marvellous as well as pathetic about him.

2. After a time, tired by his dancing apparently, he settled on the window ledge in the sun, and, the queer spectacle being at an end, I forgot about him.

以上两句引自伍尔芙的散文"The Death of the Moth"。注意，第二句在表示原因的短语(tired by his dancing)前面加了一个表示时间的短语(after a time)。

原因从句放在主句后面也可以,可以用 for 或 because 引导,用 for 的话从句经常变为一个独立的句子,前面用句号与主句分离,如:

He was taken into no one's confidence. For many a colleague caught him lying but he never showed any remorse.

五、表示结果的从句和短语

如:The man making the announcement slurred his words, which made it difficult for me to understand.

将 which 引导的表示结果的从句换成动名词引导的短语也可以:The man making the announcement slurred his words, making it difficult for me to understand.

再举一个类似的例子:

I fell from the rooftop and took a hard landing by the pool, breaking my legs.

这句话也可以改写成:I broke my legs sliding down the hills.

第一种情况比较强调"摔断腿"的结果,第二种情况比较强调"摔断腿"的过程。表示结果的从句和短语在一个具体的句子里到底应该如何安置,还要考虑与前文的承接。

六、主句动词后面可以跟随很多副词和短语（介词短语、现在分词短语和过去分词短语）表示伴随状态

1. He walked vigorously out into the garden. (vigorously + out + into the garden)

2. He passed into a state of absolute passivity, waiting for remarks or incidents, the glassy eyes half closed, the large knotted hands spread out before him. ——引自 Edmund Gosse 散文"A Visit to Walt Whitman"

这句在动词 passed into 后面先跟宾语，然后是接连三个短语用以描绘伴随状态。

3. In 1915 Lewis established the Bikers' Club, with himself as the founding President.

七、主句前面加（诸多）短语来表示伴随状况

最常见的是介绍生平：Born in 1937 in Boston to Eastern European Jewish immigrants — his father a paediatrician, his mother a linguist and concert pianist — Diamond graduated from Harvard, then completed a Ph. D. in physiology at Trinity College, Cambridge. ——引自"Jared Diamond: Humans"

一般不会把这些短语放到主句右边。

1. Having had a taste of the Olympics in 2012, Murphy is now focusing on Rio 2016.

2. With Jay back and better, I feel much more relaxed than I did

three months ago.

3. The marvelous fireworks show being over, people scattered away from the downtown area.

As 也经常引导表示伴随状况的从句,带有原因的意味:

Later on as he grew up, he realized that book learning was not as useful or useless as others claimed. 这句一般不调换主句和从句的顺序,否则会太突兀。

先到这里,接下来的第二篇讲被动和主动语态,以及在中文里没有对应物的英文句式。

如何写好英语句子(二)

学语言一半靠随时模仿记忆,一半靠掌握规律合理创新,知其所以然还是很重要的。"怎么写句子"似乎是说句法,拘泥于规则,想要达到的却是随心所欲不逾矩的境界。由严谨入自由,如涉深谷而返高地,最后顺坡而下那般快乐。

"写好英语句子"的序言和第一篇主要说了句子重心如何把握,从句和短语怎么安放。这一篇说几种特殊的句型。首先是定语从句。

一、定语从句

定语从句的特殊之处在于中文里没有与之对应的句式,不像其他从句基本还是可以与中文轻松对接的。请看以下例句:

Moths that fly by day do not excite that pleasant sense of dark autumn nights and ivy-blossom which the commonest yellow-underwing asleep in the shadow of the curtain never fails to rouse in us.

——引自伍尔芙的散文"The Death of the Moth"

这句句子里 which 引导的是定语从句,表示对 pleasant sense 的修饰,把这句话翻译成中文会让人崩溃,再好的译文也会充满了"翻译腔"。

一句好的译文可能是这样的:"白昼出没的飞蛾激发不起关于沉沉

秋夜和青藤小花的欣快意念,而藏在帷幕幽暗处沉睡的最普通的'翼底黄'飞蛾却总会唤醒这样的联想。"

这句译文把"which"所代替的部分,即"这样的联想"放到句子最末,但还是让人觉得累赘和重复,而且似乎把重心放到了"翼底黄"上。原文要说的是白昼出没的飞蛾(因为它才是主句的主语),翼底黄不是关键。

但如果要保持原来英文句子的形状和结构,也没有什么更好的翻译方法。

如果允许对句子结构做适当改动的话,或许可以翻译出更好的效果:

1) 白昼出没的飞蛾激发不了关于幽暗秋夜和青藤小花的欣快意念,还不如一只藏在帷幕幽暗处沉睡的最普通的"翼底黄"。

2) 即便是最普通的一只藏在帷幕深处沉睡的"翼底黄"也能激发我们关于幽暗秋夜和青藤小花的欣快意念,而白昼出没的飞蛾却做不到。

这两种翻译避免重复"意念"或"联想",我个人觉得比较简洁,符合中文习惯。在散文翻译中,我还是支持忠实于源语言结构和习惯的,但定语从句的出现是译文可以背离原文的正当理由之一。

中文是如行云流水般流动性很强的语言,不需要定语从句,请看下面摘自周作人《故乡的野菜》中的一句:

> 扫墓时候所常吃的还有一种野菜,俗称草紫,通称紫云英,农人在收获后,播种田内,用作肥料,是一种很被贱视的植物,但采取嫩茎瀹食,味颇鲜美,似豌豆苗。

"紫云英"后面不需要说"农人将它收获后",直接说"农人在收获后"我们就知道指的是"紫云英"。如果翻译成英文的话,"紫云英"后面(农人在收获后,播种田内,用作肥料)应该是一个定语从句,可以这样来组织：Another vegetable often consumed at the tomb-sweeping ritual is astragalus, which farmers sow into the fields after a harvest as a fertilizer. It's a scorned vegetable, but when fresh its stem tastes delicious, like pea sprouts.

二、比较类型的句式 I

这是中英文都有的句式,但变化还是很多的。

首先来说一个看似简单的例子："我的方法和小张的相似。"这句的意思也可以分成两句来说："小张上次在实验中采用了某种方法,我这次也使用了类似的方法。"

在英语里有好几种句式可以表达这样的比较。

1. 用 similar to：

a) I used methods similar to his.

b) The method I used is similar to that which he employed in his 2001 study.（这句要注意了,that 是代词。）

或者 The method I used is similar to the one that he employed in his 2001 study.

2. 用 the same as：

a) My method is the same as his.

b) I used a special method, the same one that he used in this research.

c) My method is the same as he used in his own research.

以上两种情况都可以将一句分成两句：He employed a quantitative method in his research. Mine is similar (or: the same).

3. 使用 resembles, be reminiscent of, be evocative of, not unlike, analogous to, parallel to, resonate with, echoes。

这些短语和动词在比较类似事物的时候，用法比较复杂，举一例说明。

比如这句中文：后世唯诸葛武侯有伊尹风味。其草庐三顾而后起，与耕莘聘币已略相类。（宋·罗大经《鹤林玉露》卷十一）

耕莘指的是商朝重臣伊尹，故可翻译成以下各种形态：

a) Across the following ages, only Chancellor Zhuge came near Yi Yin's greatness. In a decision parallel to Yi Yin's dedication to Emperor Tang upon receiving multiple invitations from him, Zhu Ge bound himself to Liu Bei after the commander paid him three visits.

b) Only in Chancellor Zhuge, out of all who followed, can we hear an echo of Yi Ym. Liu Bei's three visits to Zhuge's cottage resonate with/are reminiscent of Emperor Tang's repeated efforts to recruit Yi Yin into his court.

c) Zhu Ge declined to be recruited by Liu Bei until the commander visited him for a third time, just as Yi Yin did not resolve to serve Emperor Tang until he received multiple invitations from him.

4. 使用 like, alike：My method is like yours. Our methods are alike.

比如：Neon lights shine upon the stores like sunlight.

三、比较类型的句式 Ⅱ

1. This shirt is as good as that one (is). is 可以省略,同理 He is as old as I (am).

复杂一点的情况:Now I don't worry about my work as much as I would without your support.

2. James is a good guy, as is Tom.

也可以如此改写:James is a good guy, and so is Tom. so 前面要加 and。

再举一例:They want justice, as we all do. 或者:They want justice, and so do we.

3. 比较的双方并非意思一致,而是相对:

1) Art is short, as life is long. The journey is long, as our patience is thin.

2) I like this song as much as you like the other one.

4. As if,跟虚拟语气,表示"就好比……"

1) Your hands are as cold as if they had been refrigerated.

2) She remembers it all as if it were yesterday.

5. As mentioned before, I will be away for 10 days in June.

As shown, argued, illustrated, etc.... 正如之前提起的,论证的,显示的……

6. It's not as bad as you think. 很常用的句式。

7. Just as ..., so too 也是常用组合:

1) Just as you want to be left alone, so too I want to keep to myself.

主句和从句的意思一致，"正如你想……我也想……"。

2）一个比较复杂的例句：Just as Van Harvey argues that we can still see Jesus as "a normative possibility of human existence", so too, I want to argue, we can see *Mark's* Jesus as a normative possibility of human existence, whether or not it conforms to the historical record.

在这类比较长的句子里，so too 可以另起一句。

3）当然，as 也可以表示伴随，而非类比，就像 while 一样：As your speed increases, so too your risk increases (so too does your risk).

8. 惯用语：As with... so with...；Like... like...

1) As with his aphorisms, so with his stories. 他的故事和格言如出一辙。

2) Like father, like son. 有其父必有其子。

9. Such as(表示如此这般的)：

1) He gave me such advice as he thought suitable to a person in my situation.

他给了我一些他认为适合我情况的建议。

2) Combinations of words such as you see here are called collocations.

你在这里看到的词语组合就叫作搭配。

顺便说一下"than"的用法，表示有差别比较，和"as"有很多相近的地方。

I like it more than you do.

Your English is better than my Chinese.

I like coffee better than I used to.

I smoke less than I did when I was twenty.

跟 if 的从句：

1) They worry me no more than if they were paper tigers. 他们完全不足以让我担忧，不比纸老虎更吓人。

2) They were talking more distantly than if they were total strangers who had just met. 他们非常冷淡，连陌生人都比不上。

> **小贴士**
>
> 如果 just as 要放在句首，可以用 Just as...，so too 的句型。
>
> Just as I used a quantitative method in my research, so too did he in his 2011 study.
>
> Just as I used a quantitative method in my research, so too he did in his 2011 study. (did he 和 he did 都可以，倒装与否随意。)
>
> As 也可以表示比较，比如：He has always been excited about reading. His dream of becoming a writer springs from that excitement as from a seed.
>
> As if 也表示比较，但不再是单纯的比较，而是变成了比喻，需要用虚拟语态。比如：He stood up as if he were scared of me approaching. 这句句子里要用 were，表示虚拟。另外，省略掉"he were"也可以：He stood up as if scared of me approaching. As if 的用法很多，有兴趣的读者可以扩展研究一下。

四、被动语态

很多写作书都告诉我们被动语态要少用,但把理由说透的却不多。被动语态其实还是相当有用的,实际上使用的场合也很多。

被动语态强调的是动作结果而不是动作人,所以如果你说话的焦点是诸葛亮,就可以用被动语态陈述他被刘备招于麾下的事实。另外还有以下三种情况也需要使用被动语态:1)动作的主语找不到;2)或者根本不重要;3)出于某种修辞原因,不想凸显主语。

第一种情况: He was murdered. 凶手不明,不能说。

第二种情况: He was assumed to be a genius. 这里是说很多人都认为他是天才,不需要指出有哪些人。还有: It was decided at the meeting that the new policies be put in effect next month. 会上做的决定就不要追究是谁做的了,用被动语态比较合适。

第三种情况就很多变了,见以下三个例句:

1) It was thus that I became a journalist; and my effort was rewarded on the first day of the following month — a very glorious day it was for me — by a letter from an editor containing a cheque for one pound ten shillings and sixpence.

——引自伍尔芙的演讲"Professions for Women"

这里的主语 cheque 是一个物体,并不具备主动能力,所以用被动语态正好。

2) 主语很长的时候,也可以用被动语态避免让主语在句首出现:

For the road was cut many years ago — by Fanny Burney, by Aphra Behn, by Harriet Martineau, by Jane Austen, by George Eliot — many famous women, and many more unknown and forgotten, have been before me, making the path smooth, and regulating my steps.

——引自伍尔芙的演讲"Professions for Women"

3) 想减轻对动作发起人的关注,这时候用被动语态有低调处理的意味:

Crude nationalist tracts are still being churned by Hanoi historians.

——引自 TLS,"From the Red River," a review of KW Taylor review's *A History of the Vietnamese*, 2376, History

这句句子是在批评越南的历史学家,但用被动语态后批评力度减小,比较委婉。

小贴士

被动语态还有一种特殊的用法,请看以下几例。

1. This thing is nowhere to be found.

这里不说 This thing is nowhere to find,因为强调的是东西找不到的状态,而不是谁去找的问题。

2. 请比较以下两个例句:

Starting a writing career is not easy. There are always hurdles to be overcome.

Don't just look at your feet when you're with a girl. There's always something to talk about.

这两种句子都很常见,前者强调普遍情况,后者暗示有一个具体的行动人。也可以说前一句强调障碍不由我们控制,会自己出现,等着我们去克服,后一句强调行为人自己要主动去找话说。这两个句子很好地体现了主动和被动语态的差别。

五、倒装句

下面六种比较常见:

1. Neither did he, nor did I, so did he

e. g.

I don't like the movie, and neither did he.

I don't like the movie, nor do I like the book from which the movie was adapted. 从这两句可以看出 nor 和 neither 的不同用法。

2. No sooner... than... , hardly had... when...

e. g.

No sooner did he start crying than I passed him the tissue box.

他一哭我就把纸巾盒给递过去了。

3. Child/angry(或者其他形容词)as he is 即便、即使……

Angry as he was, he remained composed throughout the wedding.

4. 以 it 或 there 作为形式主语开头的倒装句

e. g.

It has become clear to me that you'll never be able to tell me the truth.

I think I just deleted the number she gave me by accident. There goes my chance with her!

5. 表示方向、地点的短语或词组放在句首:out/up/down it wem...; In front of him emerged a huge mountain that...

e. g.

We all worried about a possible hike in the oil price. And up it went, above and beyond our worst fears.

From one side of the car emerged a muscular figure clad in white.

6. only 开头的句子

Only in France can you find such a fine merlot.

以上提到的只是几种我在教学中发现的比较有趣也很有用的特殊句式，挂一漏万。有一个没讲到的句型就是 so... that...（that 经常省略）这个句型。这个句型在英语里很多见，中文里几乎没有，和定语从句一样属于凸显中英文差别的小透视镜。如：

> The possibilities of pleasure seemed that morning so enormous and so various that to have only a moth's part in life, and a day moth's at that, appeared a hard fate, and his zest in enjoying his meagre opportunities to the full, pathetic.

在句子中如何安排主语

前面讲到写好英语句子的基本要点，下面具体谈写论述文时如何运用和组织句子。先说论述文句型有一个关键点，那就是要选对主语。主语往往是行为的发起人或论述的主要对象，使用什么主语对句子结构有关键影响。

一、唬人句与自然句

世界上写得不好的句子各有其不幸，但经常能发现一个共同特点，那就是用很长的名词短语作为主语，动词为 be。

在关于写作的佳作 *Style: Lessons in Clarity and Grace* 中，作者 Joseph M. Williams 在正文开始处举的第一对例句如下：

1. Lack of media support was the cause of our election loss.
2. We lost the election because the media did not support us.

Williams 认为第一句不如第二句清晰流畅，我也同意。这个句子完全可以用人做主语，用一个动作性动词做谓语，例句 1 却偏偏把主语变成了一个很长的表示抽象状态的名词短语，并使用 be 动词做谓语。

例句 1 的文体看上去很厉害，其实僵硬刻板。例句 2 的效果生动自然。我把例句 1 这样的句子称为唬人句，例句 2 这样的句子称为自然句。

任何一句自然的英语句子都可以改写成僵硬的 be 动词句子。比如我们读奥威尔的经典散文"Why I Write"的时候，可以从里面挑出比较生动的句子，琢磨一下。

如：As a very small child I used to imagine that l was, say, Robin Hood, and picture myself as the hero of thrilling adventures.（很小的时候，我就想象自己是罗宾汉这样的人，在惊险的冒险故事里担当主角。）

这是个并列句，有两个主语两个动词（imagine，picture 都比较形象），两句之间用 and 连接。但你可以通过改写，把它变成如下的臃肿句：

<u>The image that I projected of myself</u> during my childhood is that of Robin Hood and a hero of thrilling adventures.（我小时候为自己勾画的形象是罗宾汉和惊险冒险故事的主角。）划线的那一部分就是问题所在，明明主语可以是"我"，偏要变成很冗长的"我小时候为自己勾画的形象"。明明谓语可以是"想象"，偏要变成"是"。

为什么要学会把好句子改成坏句子呢？因为把这个逻辑倒过来我们就可以把任何坏句子，哪怕是脑海中潜在的坏句子，变成好句子。

比如说，你想表达"选专业时，最重要的是兴趣，其次考虑市场需求"这个观点，你首先要确定主语，可以是一个人称代词（you 或者 we 都可以），也可以是"选专业的标准"，哪个比较好呢？看下面两句。

以人为主语：When you determine your major, you should first think about where your interests lie before you consider what the market needs.

以标准为主语：The criteria with which you determine you major include, first and foremost, your academic interests, and second, market demands.

第二句看上去很唬人（当然这也是这种句子的用武之地，在你思想很简单的时候，用这个句型，会显得壮大一些），但第一句显然更为自然，有助于我们养成说话清晰简洁的好习惯。而且第一句其实更难写，对语言能力的要求更高。

总结一下，这里引出写句子的第一个原则，用动作性动词做谓语，用人或物做主语，尽量避免比较长的名词短语，比如 lack of mutual understanding, the standards with which we judge a student's merit 等都不是最佳的主语。当然，比较简洁的名词短语还是可以作为主语的，比如 scientifc development 等。

当然不是说绝对不能用 be 动词，或绝对不能用比较长而抽象的主语，例外也有很多，比如：To communicate effectively is to listen attentively to your peers.（高效的沟通意味着认真聆听同伴。）

二、范文分析实例

寻找当代论述文的范文还是比较便利的，网络上有很多现成的好资源，"每日艺术文学"网站（aldaily.com）上的 Opinions and Essays 栏目里就汇集了很多比较长也有趣的论述文。每读一篇文章可以先大概了解其思路和总体结构，然后挑选两个段落出来仔细分析。比如 Eric Schwitzgebel 的《奶酪伦理》("Cheeseburger Ethics")。

《奶酪伦理》讨论的主题是伦理学能不能使我们变得更伦理。作者的观点是不会，这是因为大多数人并不想成为圣人，为自己的圣洁买单。

以下是他论证的核心段落：

《奶酪伦理》

> Any of us could easily become much morally better than we are, if we chose to. For those of us who are affluent by global standards, the path is straightforward: spend less on luxuries and give the savings to a good cause. Even if you are not affluent by global standards, unless you are on the precipice of ruin, you could give more of your time to helping others. It's not difficult to see multiple ways, every day, in which one could be kinder to those who would especially benefit from kindness. And yet, most of us choose moral mediocrity instead. It's not that we try but fail, or that we have good excuses. We — most of us — actually aim at mediocrity.

这三句其实都是中心句，只不过以不同的方式重复和强调同一点：大多数人选择道德平庸，并不是尝试高尚而不得，也不用给自己找借口，我们就是冲着平庸去的。

> We aspire to be about as morally good as our peers. If others cheat and get away with it,

we want to do the same. We don't want to suffer for goodness while others laughingly gather the benefits of vice.

这三句是说原因,为什么追求平庸呢?因为我们只想和同伴一样。如果他们能够违规而不受惩罚,我们也想如此。

If the morally good life is uncomfortable and unpleasant, if it involves repeated painful sacrifices that are not compensated in some way, sacrifices that others are not also making, then we don't want it.

如上所述,为写作而阅读的第一步是研究例文中的主语设置。以这一段为例,这一段中所有句子的主语都是人称代词 we,直截了当,动词也都很生动。大部分句子为简单句和并列句,也有两句里面包含状语从句,但每一句都结构清晰简洁。这也就告诉我们论述文中其实不需要太长太复杂的句式,而且要尽量使用我所说的自然句。

为了深刻理解这一段里面的好句子,我们可以试着变换它们的主语,考察其效果。比如这一句:

We don't want to suffer for goodness <u>while others laughingly gather the benefits of vice</u>. 划线部分是状语从句,表示"当别人……",与主句形成对比。

(我们不想因为做好事而倒霉,同时眼看着别人笑着采撷罪恶的果实。)

这一句主句和从句的主语都是人:"我们"与"别人",很生动。那有没有可能换一个主语表达同样的意思呢? 试试看。

比如可以把主语换成"好事"和"坏事":"做好事往往让人倒霉,罪恶倒反而使人得利。"这句中文比较拗口,变成英文也有些不自然:Good deeds often cause us suffering while evil-doing brings us benefits.况且把主语改成"好事"、"坏事"也很难突出人们趋利避害的倾向。总体来说用人做主语比其他选择更好。

这样的改写练习会帮助我们仔细思考不同主语对句子的作用,其他句子可依此类推。

最后说几句题外话:这一段只有一个长句子,就是最后这句。这属于特殊句式,前面表示原因的状语(虽然是if开头,但也是表示原因的,if也可以表示原因,但不是确定的原因,而是可能的原因)非常长,后面的主句非常短。这种头重脚轻的句子是缜密句或圆周句(periodic sentence)的特殊形式,它的修辞作用就是强调后面这个很短的主句。这一整段的中心是"人们选择道德平庸,不想因为做好事而受罪",后文展开处处都要围绕这个中心,因此,最后一句的重心就是"人们不想做好事",而且被赋予了特别的强调。

段落是如何构成的：以论述文为中心

论述文谋篇布局的关键当然是段落，那么在一个段落里应该如何组织句子呢？短小的论述文还不是最难写的，尤其是发表意见类的短文（这也是英语标准考试的主要作文类型）。这类论述文不需要对所谈话题有深入了解，调动一些常识就行，这与学术论文在文体和内容上都截然不同。本书第四辑收录了我谈文学类论文的文章，现在先讲意见类论述文。

总结我之前提到的两点：1. 话要一句一句写，如没有特殊修辞需要，不要让很多想法挤在同一个句子里；2. 写句子的关键之一是选择好主语，最好不要用很长的名词短语做主语。

然后就是要思考如何组织段落，一个段落里句子之间的逻辑如何安排了，以下用一个与雅思写作题相似的例子来说明。我并不是要专门谈雅思，但意见类论述文的道理都是一样的，理解了基本方法，针对性应试训练会容易很多。

例题：

Some people argue that the government should not spend too much money on building theatres and stadiums, because medical care and education are more important. Do you agree?

首先你要决定一个立场,是支持多建造医疗和教育设施,少建造戏院和体育场,还是相反。其次要说清楚原因。如果你是高中生和大学低年级学生,或许只要说一个主要原因就行了;如果是大学毕业生或研究生,那么论述上要多点深度,也就是说至少要写出两个相关的原因,而且第二个原因不能过于浅显。

假设你决定的立场是应该把钱花在医疗和教育上,我们称之为立场A,那么你采用怎样的论证过程呢?要记住,这是意见性论文,所以:1. 论证不用特别严密;2. 要多调用日常生活中熟悉的事例,而不是专门数据;3. 思维不能过于复杂,这样会耗时过多,也会让人不知所云;4. 可以适当使用中文思维来思考问题。

按照以上标准,我们可以将立场A的论证过程铺陈如下:

论点:医疗和教育为人们提供生活必需品,即健康和基础知识,有了这些条件保障,人们才能欣赏艺术和体育。

分两部分论证(即两个原因)。第一部分:医疗和教育是关系到每个家庭切身利益的问题,政府不能忽视。如果这方面的制度和设施不完善,会引发频繁的社会争议,新闻里经常曝光的医疗纠纷和教育资源不平均等现象就是佐证。第二部分:艺术和体育设施往往是城市中产阶级的消费和休闲去处,并不一定能起到培养艺术创造能力的作用,于社会益处不大,不如在学校或社区里多开设艺术类课程。

这里面的第二部分对思维和写作能力要求比较高,是给需要达到类似GRE作文水平的同学准备的。

接下来就是要学会写具体的段落了。起始段,也就是论点段落我们下次再说,这次先说中间段,就是进行论证的段落。为了说明问题,我先试写立场A的第一部分论证:

（中心句）The government does well to give priority to building schools and medical facilities, if its goal is to address people's most urgent needs. 2) People can do without theatres and sports stadiums for months, but they want their kids to stay in school every work day and they want to have a nice hospital within the walking distance of where they live. 3) They feel deeply anxious when health care and the educational system fall below their expectations, and they do not wait long to express their anxiety. 4) In today's China, we see an increasing number of news stories about angry patients filing complaint and lawsuits against doctors and hospitals. 5) There is also much public outcry over problems in the educational system, including bad teachers who abuse or neglect their students and poorly equipped schools in rural areas. 6) It's not just a Chinese problem. 7) People across the world put pressure on their government to ensure that ordinary citizens receive reliable service from doctors and teachers. 8) It was in response to such pressure that U. S. President Obama put in place a new health care plan during the first term of his presidency.

这一段落内容不深，语句也不那么难。写好这个段落的关键是中心明确，且所有语句之间要衔接顺畅，也就是说每一个句子打开的方式要呼应前一句。

下面我们就把这个段落里的句子拆解开来，看看它们是怎样一句一句递进、前后衔接的。

中心句：政府应该将工作重点（priority）放在修建学校和医疗设施

上,假如他们想要满足人们核心需求的话。Does well to 就是"应该如何做"的比较委婉的说法。

第二句:这一句在形式和内容上呼应中心句的后半部分,解释人们的核心需求到底是什么,用 people 作为主语。

第三句:扩展第二句的意思,说明如果这种核心需求没有得到满足,那么会导致人们发泄自己的焦虑。仍然以 they,即 people 作为主语。至此,中心句、第二句和第三句环环相扣,形式和内容上都紧密衔接。

第四句:开始举例说明。首先解释地域,讲的是当代中国的情况,然后开始描述经常出现的医患纠纷的新闻。

第五句:继续举例,说明关于教育领域问题的各种社会争议。

第六句:前面两句比较长,这里插入一个很短的句子,把举例的地域范围扩大。

第七句:承接第六句,说明全世界的人都希望政府能提高教育和医疗水平,以全世界人为主语。

第八句:最后举一个外国例子,最容易想到的当然是奥巴马的医疗改革,那么就说这个,不用说得很专业。这句用强调句的特殊句型,为的是能与第七句衔接起来,把奥巴马改革的原因(in response to people's needs)放在句首。

刚开始写论证段落的时候,速度可以慢一些,仔细琢磨一下,尽量用简洁、具体的语言,避免用很长的名词短语(比如 the lack of access to educational resources),这类短语不是不能用,但能不用尽量不要用。等写熟练了速度自然会加快,但训练之初不宜操之过急。

如果自己写作水平比较高,能表达比较复杂的思想,那么可以开始写立场 A 的第二部分论证,即艺术和体育设施往往是城市中产阶级的消费和休闲去处,并不一定能起到培养艺术创造能力的作用,于社会益

处不大,不如在学校或社区里多开设艺术类课程。比如下面这一段:

This is not to say, of course, that the arts and sports are dispensable. But they do have to take a back seat to a nation's core needs when resources are limited. John Adams once said that he must study politics and war to give his children the liberty to study engineering, which would likewise allow their children to study poetry and the arts. The same logic applies here. When there are not enough schools and hospitals around for people in rural areas, flashy stadiums and theatres in big cities are nothing but reminders of how the society has turned a blind eye to inequality. To make things worse, fancy theatres and stadiums have very little to do with promoting the arts and sports. They draw middle class urban people into corporate-sponsored spectacles that pass as fine taste, exacting a high price for the illusion of rising above one's social station. Getting rid of such extravagance may hurt the self-conceptions of urban people indeed, but not the development of the arts and sports. Instead of star-studded concerts, imported operas, and expensive sports games, I would prefer to have a strengthened school curriculum in the arts and sports and a large number of non-profit community centers offering courses in singing, dancing, drawing, and the ball games. There ordinary citizens would learn to appreciate the beauty of doing things with their own hands, while saving resources for those who are less advantaged.

这一段难度提高,不过结构的原理和上面一段差不多,就不具体分析了。

最后,立场 A 说完还有立场 B,即认为投资体育场馆和剧院也是同样重要或更为重要的立场。若选择立场 B,论证思路或许可以是这样的:

体育和艺术设施也能产生巨大的经济效益,能够帮助我们投资和发展医疗、教育事业。同样可以分两部分论证。第一部分:体育竞赛和艺术演出都能产生巨大经济效益,奥运会、摇滚演唱会等都是佐证,所以体育馆和戏院并不阻碍医疗和教育发展。第二部分:医疗和教育的发展需要以公共道德和体恤他人的同理心为基础,这些素质在艺术和体育活动中最容易培养,所以应该多建造戏院和体育馆,并鼓励人们前往。

这个立场,大家可以自己试着写写看。

描写的艺术： 神奇动物、人脸和建筑

平时我们读英语散文或小说的时候不太能学到怎样用英语来描绘事物、景物和外貌,大多数小说或散文只偶尔进行比较详细的描写,功力集中于叙事。小说家要进行一番描述的时候总是倍感焦虑,他们经常会淡然地提及很多名物,但不太会静止下来对它们加以细致的描绘。小说不是电影,也不是油画,只要自己虚构的世界还比较可信,作者一般不会费太多笔墨去补充细节。早在1968年,罗兰·巴特就说过,小说里的细节(如福楼拜一则故事里所描写的一个钢琴上的打拍器)大多是为了制造"现实效果"(effet de réel),或者有揭示人物内心等明确作用,一般简短节制,不敢过分。当然20世纪出现了很多实验前卫神奇的小说,其中有大量对物体的描写,颠覆我们对于"人类世界"的看法,那是后话了,其中很多也不太适合初写者模仿。

那么,到哪里去寻找散文体的精彩描写段落呢?如果我们相信文字不必要败给照相和电影,也可以制造极佳的视觉和听觉效果,那么描写必不可少,但是到哪里去找示范段落,怎样集中学习描写呢?(一般来说,如果是为了应付英语口试,可以去看看各类导游介绍是怎样介绍某个名胜或景观的)。同理,我们也可以浏览家居装潢网站,看看它们是如何介绍室内陈设的。但这些语料都比较庸常,好的散文体描写段落要到哪里去找呢?这里略提供几个线索。

美国已故当代作家厄普代克的小说[比如《夫妇们》(*Couples*)]包含大量对于市郊中产阶级住宅内外形态的描写：

> The house was a graceful eighteenth-century farmhouse of eight rooms. A barn and a good square yard and a high lilac hedge came with the property. The previous owners, who had had adolescent boys, had attached a basketball hoop to one side of the barn and laid down a small asphalt court. At another corner of the two acres stood an arc of woods tangent to a neighboring orchard. Beyond this was a dairy farm. Seven miles further along the road, an unseen presence, was the town of Nun's Bay and twenty miles more, to the north, Boston.

此处基本借鉴苏福忠的译文：

> 这座住宅是一座优美的十八世纪农舍，内设八间屋子。另有一个仓房，一个四四方方的院落和一道紫丁香树篱，都算资产。过去的几任业主都养过青春期的男孩儿，在仓房一侧添置了一个篮球圈和一个小型沥青篮球场。在这两英亩地的另一个角落，伫立着一片弧形的树林，与一个紧邻的果园接壤。再往远处是牛奶场。沿那条大陆走出七英里，一片难得一见的去处，是修女湾小镇；向北再行二十英里，就到了波士顿。

这本小说对人物的外貌描写也妙处多多。比如说一个猥琐的人：

After each utterance, there was a fishy inward motion of his lips as if to demonstrate how to take the bait. No teeth showed in his mouth. It waited, a fraction open, for her to come into it. As a mouth, it was neither male nor female, and not quite infantile. His nose was insignificant. His eyes were lost behind concave spectacle lenses that brimmed with tremulous candle light. His hair once might have been brown, or sandy, but had become a colorless fuzz, an encircling shadow, above his ears; like all baldheads his had a shine that seemed boastful, So repulsive, Freddy assumed the easy intrusiveness of a very attractive man.

同样基本借鉴苏福忠的译文：

他的嘴唇都会像鱼儿一样往里收缩，仿佛在演示如何把诱饵吞下去，他的嘴没有露出过牙齿。这张嘴张开一个豁口，等待她走进去。作为一张嘴，不男不女的，也一点不像婴儿的。他的鼻子很不起眼。他两只眼睛藏在烛光闪闪的眼镜片后面。他的头发也许曾经是棕色的，或者是淡黄色的，但是已经变成了几绺稀疏的辨别不出颜色的毛毛，耳朵上面的一圈儿影子；和所有的秃顶一样，他的头顶明晃晃的，好像在有意夸耀。费雷迪分明令人十分厌恶，偏偏做出漂亮男人才有的随意侵占他人空间的自信。

这本小说里还有许多一般我们不太用到的描绘，比如人体，比如人体相遇的感受，在这里就略去不谈了。

如果要学习怎么生动简洁地描写动物,那么可以读读 J. K. 罗琳的《神奇动物在哪里》(*Fantastic Beasts and Where to Find Them*)。这里节选一段对于凤凰的描述:

PHOENIX

The phoenix is a magnificent, swan-sized, scarlet bird with a long golden tail, beak and talons. It nests on mountain peaks and is found in Egypt, India and China. The phoenix lives to an immense age as it can regenerate, bursting into flames when its body begins to fail and rising again from the ashes as a chick. The phoenix is a gentle creature that has never been known to kill and eats only herbs. Like the Diricawl (see above), it can disappear and reappear at will. Phoenix song is magical: it is reputed to increase the courage of the pure of heart and to strike fear into the hearts of the impure. Phoenix tears have powerful healing properties.

凤凰

凤凰美妙绝伦,大小似天鹅,通体鲜红,尾羽、喙和爪均呈金黄色,状修长。在山巅栖居,分布于埃及、印度及中国。凤凰福寿绵延,身体甫一衰老即化为一团火焰并从灰烬中飞升,由此不断重生。凤凰性温和,从未有人见其吞噬或杀戮,安于草食。与 Diricawl(类似毛里求斯已经灭绝的多多鸟)一样,凤凰能任意显现或隐身。它们的歌喉有种魔力:能让纯正之人勇气倍增,让污浊之人心生恐惧。凤凰的眼泪有强大的愈合力。

要学习对异域古风城市的描绘，当然要去读卡尔维诺的《看不见的城市》英文版。如果要看对现代城市贫民窟的描写，可以读读自然主义小说家，如左拉或美国的史蒂芬·克兰［如《街头女郎麦琪》(*Maggie：A Girl of the Streets*)］。当然，一般19世纪的小说里景物和空间描写都比较多。

每个小说家心里都藏着一个诗人，以此展现自己敷陈备细的能力，或拓宽用细节来传达微妙信息和情绪，激发感官体验的可能。我们读小说的时候不妨每天记录一段漂亮的描写，不论是中文还是外文，并且可以试试看自己能否写出类似的文章，为文字"续命"。

第三辑

风流五百年：
英语学习与人文素养

况味、情怀和留白——论翻译与文化

2016年年初,我参加了一个很有趣的文学对谈活动——爱尔兰作家托宾(著有《布鲁克林》《大师》等)和中国作家毕飞宇谈小镇与写作,我在现场做交传翻译,我的老同学,《收获》杂志编辑走走担任主持。活动中,我不仅领略了两位作者的写作观念,也领悟到一些关于写作和翻译的要义。

毕飞宇在对谈中说托宾的小说展现了"人生况味",并且认为这可能有点难译,我当时没有特别的感触,觉得"人生况味"就是"the feel of life"。Feel这个词我们不常用,一般都用feeling,但feeling是指人的情感,feel是指事物给人的感受(a sensation given by an object when touched),所以"人生况味"自然就是the feel of life,即人生带给人的五味杂陈的感觉。

当然,"况味"还有境况的意思,或许可以再加一点内容,译成"the look and feel of life",也就是说:Toibin captures the look and feel of life in his novels. 生活的样貌和感受,其实也就是况味。

不过现在想来,"况味"在中文语境中有些特殊的含义,与古诗词中的境界连接在一起,与闲看花落的失意冷清有关,与欲言又止的酸楚有关,与寄情自然的通达有关。如果要传达这个意思,那么英语可以大致翻译为"poignant subtleties of life"(人生细微之处的酸楚情致),或者

"poignant vicissitudes of life"(人生起落无常的无奈酸楚)。或者直接用一个意象: Toibin is reminiscent of a Chinese poet who savors each one of the subtly poignant moments in life and then places them intact on the page, never too close or too distant.(托宾正如中国诗人,品尝/体味每一个微含酸楚的人生片段,随后不加改变地将它们搬到纸上,从不太过贴近,也不太过超脱。)

这个翻译小片段也告诉我们,中英文之间的区别既不需要放大,也不需要缩小,有的时候找个近似的对应概念即可,有的时候可以多加探讨,用意象描绘等方法来传达难以言表的意思。

以前也有人探讨"情怀"该如何表达,英语中可以简单说 sensibility(指敏锐感受性及悲悯善良的心性),有情怀的人就是 a person of sensibility,这种表达在英国历史上很多见,18 世纪更是以崇尚感性、崇尚情怀著称。

不过,中文语境里说的"情怀"也有"怀"的意味,就是胸怀广阔,心系天下。简单地说是有超出个人利益的大理想。这个在英文里就叫作有 public spirit,或者 leadership qualities,不过这些表达都太过世俗,似乎不足以表达超越性的志向,或许可以说(S)he has a vision for the world(有济世之心)。情怀当然可以被滥用,这里姑且不论,只说文字。

对于英语写作的启示

我们平时写英文,也经常需要借助翻译,仅仅用英语思考对自己的限制太大,我一直认为以英语为第二语言的人在使用英语的时候应该采取(也难以避免)中英文混合思维的模式,要把你所有的资源汇总在一起,写出超过单语言人士的英语和中文。这当然是最高理想,但在初期写作中也可以尝试。

比如你经常看到ambiguity这个词,知道好的文学电影作品都有意义复杂而不说透的优点,所以在自己评论艺术的时候肯定会想到这个词;不过你同时又想到中文里有"白描"、"留白"这些词汇,觉得这些表达也很好,想找到英文里对应的表达,这时候发生的就是中英文混杂思维。你当然可以选择用英语里的对称表达来代替"白描"和"留白",比如可以说:The novel provides elliptical, unadorned, ambiguous descriptions that require the audience to flesh out in their minds. (小说中有许多含蓄、朴素、意义不明的描写,读者必须在脑海中对其加以充实完整。)

或者你可以直接融合中英文表达,用意象来说明你的意思:The novel describes its characters as a Chinese brush painter outlines figures with plain strokes, leaving large empty spaces that the readers have to fill in with their imagination. (小说描写人物的手法很像中国国画里的白描手法,留下了许多空白,有待读者用想象来填补。)

这个句子本身并无惊人之处,不过它代表了中英文思维结合在英语写作中的一些可能性。这也说明英语写作和翻译是两种不可分割的技能,不分彼此,只能一起变好,或一起荒废。

翻译无教程

翻译水平既然与人总体的语言能力有关,就没有什么速成的教材,但任何好的语言学习材料都是为翻译做准备的。翻译中包含着很深的哲学,直接关系到我们对不同语言间关系的认识。我之所以提倡"中英文混合思维"这样的翻译理念,就是因为我相信学外语的人不是用一种方法来观察和认识世界的,而是有两套或几套不同的思维体系,这些思维体系之间原本就存在不少关联,也能通过翻译来建立关系。但这所有的关联都是误读,只是有的误读是审慎的最优化选择,具有创新的潜力,有的误读纯粹是牵强附会,会带来对原文和目标语的破坏。所谓混合思维,就是在尊重各种语言内部规律的同时,给这些语言重新生长的可能。翻译就像是一种自然疗法,将语言看成是一个整体,尊重其浑然一体的特性,但也要找到引入外部资源,使其发生良性变化的方法。

外语学习有着极为深刻的意义,让我们不断思索如何在文化间促进平等交流。好的翻译是一种思想实验,让我们去尝试、相信语言和语言之间友善的交流渗透。

再举个例子。曾有人问起,"万物荣枯有序,死生自得"怎么翻译。这句话应该是"草木荣枯自有时,万物从容皆自得"的变体,如果直译,那么就是:Plants flourish and wither in their own time, and things stay unperturbed and self-sufficient in their own place. 我们也可能会想到英语中的一些类似的经典表达,如《圣经·传道书》中的一句名言:There is a time for everything, and a season for every activity under the heaven(万物有序),或口语里经常说的 Whatever happens, happens(要发生的自然会发生,意思是事物有其规律,改变不得,着急不得)。这些句子都包含对世间万物秩序的认识和接受。

但我们当然不能在《圣经》和中文的这个具有道家无为思想的引文之间简单划上等号,"从容自得"在英文里是很难传达的,刚才提到的两个英文句子对事物规律的接受里有平静却无欣喜,与"从容自得"还是有些距离的,这也就是为什么我提出的直译里有"unperturbed"和"self-sufficient"这两个词。At ease, at peace, be unperturbed, unruffled 等都有从容之义,而"自得"或"自足"就更加不可言传,satisfied 是最容易想到的。但满足的前提是有欲望,而"自得"一般是指欲望微弱,与环境融洽,天然地心满意足,这与美国19世纪超验主义思想家爱默生提出的"自足"(self-sufficiency)概念倒有一些相似——爱默生正是受了欧洲浪漫主义的自然神论、基督教神秘主义和东方佛教、道教的影响,并糅合这些思想提出了"自足"的概念,表示人不能被物质文明和社群规范所左右,应该明了自己与万物同源,与万物一样生发自上帝,因而天然无缺。虽然self-sufficient 一词里还是有崇尚独立的个人主义色彩,与"自得"还是不能完全重合,但也没有其他更好的表达了,只能不得已而为之。

而将"自得"与"self-sufficient"相对应,实际上是对两种语言同时发起的挑战,即揭示"自得"所缺乏的主体意识,"self-sufficient"所缺乏的天然融通。权宜的翻译指向的是一种平静的文化互补观。

还有些话语虽然在目标语中没有明显的对应,但细细想来却有精神上一致的说法,深刻揭示了两种文化的相通性,这也是翻译所能揭示的道理之一。比如中文里的"赴汤蹈火",在英文里当然也可以说成 I'm willing to swim in boiling water and dive into a burning pyre for your sake,不过细想之下,实际上已经有一个英文的习惯语可以表达相同的意思,那就是 go out on a limb for you(为了你攀上一根小细枝,冒着摔死的风险维护你)。这样的翻译带着天然契合的轻松愉快,契合不会很多,但也不会很少。比如"笑点低"和英语里的 low laughter threshold 就很相当;"万能网友"和英语里的 hive mind 也颇为一致,都表示要诉诸某种集体智慧。

翻译无定式,只有突袭和惊喜。

金句：也论协商与独立

王尔德曾说过：Quotation is a serviceable substitute for wit. 引用固然不是最优美的写作行为，用得多会喧宾夺主，但适当使用却有虔敬合群而不失坚强自我之妙处。《劝导》中的女主人公安妮·奥利奥特就经常喜欢寻找现成诗句来描绘眼前景象，她就这样在与他人的心灵协商中逐渐成长为自主独立的性情女子。

现在就来分享一些我经常使用的，具有震撼力的引语。我在微博上也已经陆续发布过，这里再做些汇总补充。这些金句大多以英语形式出现，虽然原来的语言未必是英语。

一、关于翻译

以色列诗人 Haim Nachman Bialik 曾说："Reading the Bible in translation is like kissing your new bride through a veil."（读《圣经》译文就好比隔着面纱亲吻新娘。）

有关翻译的金句很多，又如"翻译即背叛"，"诗歌就是翻译中丢失的东西"（Poetry is what gets lost in translation.）——罗伯特·弗罗斯特（Robert Frost），等等。

二、关于写作

艾略特曾这样评价亨利·詹姆斯:"He had a mind so fine that no idea could violate it."(他的头脑如此细腻,没有任何观念可以侵犯它。)最终,我们评价一个作家不是看他有什么想法,因为好作品是很难提炼出中心思想的,而是看他如何表达,如何既表达又不表达。作品的完整性就像作家头脑的完整性,不容任何单一的理念(idea)侵犯。这也让人想起尼采在《悲剧的诞生》中所说的:"A writer's subject gets in the way of greatest literature."[如果作家(的创作)有主题,那么就难以产生最伟大的文学。]

三、关于同情

"There are no bounds to the sympathetic imagination. [...] If I can think my way into the existence of a being who has never existed, then I can think my way into the existence of a bat or a chimpanzee or an oyster, any being with whom I share the substrate of life."(Coetzee, *Elizabeth Costello*)大意是人们的共情能力可以是无限的,能够想象不存在的事物,也能想象蝙蝠和猩猩或牡蛎,因为都是生命。

哲学家很早就开始考虑同情心是如何产生的,人类如何模拟和理解他人或他物,当代脑科学认为我们都拥有镜像神经元,使得我们在读到描写一个人奔跑的文字时,会不自觉地模拟奔跑的肌肉动作,看到一个人在承受痛苦的时候,也能敏锐地感受到痛苦的情绪。共情力,有的时候是可以跨越时空的,虽然本雅明曾经在《暴力的批判》一文中质问:

"The question poses itself whether there are no other than violent means for regulating conflicting human interests."（问题是为了调节互相冲突的利益，我们难道没有除暴力之外的方法吗？）我还是觉得总有良知和共情不会泯灭。

四、关于记忆

"抽象是记忆最激烈的敌人。"(Abstraction is memory's most ardent enemy. —Judith Miller, *One, by One, by One: Facing the Holocaust*)作家 Judith Miller 这句话原意是说就怕大屠杀等惨烈事件沦为抽象的哀悼，而不是对具体逝者的回忆。不过我觉得它很适用于所有的记忆，很多人记得道理，忘记细节，让抽象阻碍了记忆。当然其实抽象也是记忆的朋友，正是忘却使得记忆成为可能，将所有细节都记住的人会不堪重负，最后什么也不愿再记忆了。参见博尔赫斯的故事《博闻强记的富内斯》。

五、关于为什么要活着

这也是我很喜爱的一句引言，来自波斯诗人鲁米："Let the beauty we love be what we do."（喜欢美，就去生出美。）这对读书人来说是多大的鼓舞，比《浮士德》中魔鬼说的"一切理论都是灰色的，只有生活之树常青"少了许多偏狭之气。这句话来自鲁米的一首短诗，译成英文如下：

> Today, like every other day, we wake up empty
>   and frightened. Don't open the door to the study

and begin reading. Take down a musical instrument.
Let the beauty we love be what we do.
There are hundreds of ways to kneel and kiss the ground.
(*The Essential Rumi*, by Coleman Barks)

今天我们还是在空虚中醒来,一如往常
心中忧惧。不想即刻步入书房
与阅读为伴。拿起一件乐器吧。
喜欢美,就去生出美。
我们用一百种方式跪下亲吻大地。

文字是美,但毕竟大多数美都饱含艰辛,偶尔我们也需要纯粹的愉悦的美,这是对活着的最高犒赏。

我爱英语词

有个感受日益强烈,我觉得我是真正地喜欢语言的每根筋骨,包括词汇。我词汇量不是特别大,除了大学考 GRE 的时候背过词汇,一般也不背诵,遇到难词仍然比较常见,读小说、诗歌和 19 世纪之前的散文时尤其容易被词语晃了眼。

有人曾问我,你觉得最有趣的英语词是哪个? 我现在就想想,有哪些华丽或轻灵,而且日常说话写作时还能用到的词。

一、短而到位的词

形容词

Sassy:某人很轻狂不羁(不论男女都可以用)。

Spunky:很活泼。vital, vigorous, energetic, 如果是 spunky and zany,那就是既活力四射又精灵古怪了。

Arch:犀利毒舌。His arch remarks about Shakespeare delighted me.

Uncouth:不合时宜,不上台面。

Sly, cagey:狡猾。He's as sly as an eel. 比 plotting, scheming, conniving 等表示"阴谋诡计多"的词程度要轻一点,更活泼一点。

Smug:得意洋洋的。比 self-congratulatory, conceited 等更形象些。

Lecherous：猥琐。在所有表示猥琐的词里——lewd，bawdy，lascivious，lustful，prurient——我还是最喜欢 lecherous。

Posh：高档。That's the most posh restaurant I've been to. 比 swanky 听上去要雅致些。

Pat：陈词滥调、平平无奇的，比 cliched 和 platitudinous 都要委婉一些。

名词

Oomph：吸引力，震撼力。You need to give your essay more oomph.

Flair：某种外露的气质，天分。She has a dramatic flair. 她有戏剧天赋。

Flourish：花招、招数。This essay has many rhetorical flourishes. 这篇文章修辞花式很多。

Panache：能力。She dispatched all her tasks with panache.

Behest：命令。order，commandment。

Neophyte：新手。

Élan：镇定自若的气质。He gave the speech with verve and élan. 在这个句子中，élan 有激情而镇定之意。

Cachet：文化资本。There is no cachet attached to studying contemporary literature.

Cul-de-sac：死路一条。He found himself in a cul-de-sac and felt despair.

Faux pas：社交礼仪失误（social blunder）。He blushed（脸红）over his faux pas.

（以上不少词都来自法语，很有用。）

二、比较长而古雅的词

Apothegm：谚语，来自古希腊语。大多数修辞学专有名词都来自古希腊语，10 个里有 9.5 个我都不认识。可参阅 *A Handlist of Rhetorical Terms* (Lanham) 或 www.rhetoric.byu.edu 网站。

rhetoric 网站

Adumbrate：预示，或是指明。很有用，因为我知道老是用 foreshadow 来表示预示是一件很枯燥的事。

Cerulean：深蓝。cerulean waters and golden sands(碧水金沙，cyanic 也类似)。这提醒我们，颜色、花草、食物等名词数量众多，形象鲜明，可能是最易使人感到愉快的词汇类型之一。

Criticaster：minor, inferior critic 不入流的批评家。A reviewer calls a poet a poetaster (an inferior poet) and the poet might return the favor by calling him a criticaster. 句中的讽刺感扑面而来。

Divagate：stray, digress, diverge 大家都已经太熟悉了，需要换一种说"走上岔路"的方法，如：Shelley divagated into chemistry briefly.

Ensorcell：美国拼法是 ensorcel。可能有人会想为 enchant, enthrall, fascinate 找一个新鲜的同义词，来凸显被勾魂的崇高感。

Ingurgitate:"吞下"除了 engorge, gorge, wolf down 还有其他什么说法呢?就是这个词了。

Pantagruelian:和 gargantuan 一样,都表示巨大,都出自拉伯雷《巨人传》。"微小的"是 lilliputian,出自《格列佛游记》。

Propitiate:安抚。"绥靖"的说法不是很多,不外乎 appease, placate; propitiate 是个不错的替代。

Velleity:刚刚开始形成的愿望,还比较微弱的愿望。如:He has a velleity to learn the guitar.

三、来自法语和拉丁语的常用词组

居高临下的:*de-haut-en-bas* smile

独一无二的:*his sui generis* name

我死后哪怕洪水滔天(路易十五):the "*après moi, le déluge*" attitude

新潮:He is *au courant* with news.(或者 He is always up on the news.)

如珠妙语:Each of his *bon mots* was dusted up and collected.

杂物:The room is filled with *bric-à-bracs*.

关键前提:Respect is the *sine qua non* of friendships.

适当使用大词很好,用太多就没意思了。惠特曼《自己的歌》里的大多数词都很通俗,还有不少俚语,但突然会出现一个类似 entretied(加固的)这样的生僻词,效果奇妙。这就是大词的功能之一。

最后,介绍几个资源:

Weird and Wonderful Words

The Phrontistery

Vocabulary.com

1. Weird and Wonderful Words,奇异绝妙的词,《牛津词典》网(Oxford Dictionaries)。

2. The Phrontistery,难词网(包括法语和拉丁语表达)。

3. Vocabulary.com,这个网站我在微博上也介绍过,很有用,有各种单词表,包括从文学作品中提炼出来的单词表,这个思路非常好。也有朋友说可以下载 App(vocabulary.com 网上可以下载,不过似乎要支付2.99美元),该 App 设计合理,内容靠谱。至于练习单词发音,跟着有声词典多读就好。

从词语看世界

18世纪的某天，一个英国商人说："我要在一天内创造一个新词。"

他随手造了一个词——quiz，让仆人在城里每一户人家的墙上张贴该词。第二天人们纷纷议论这个词是什么意思，之后它就顺理成章变成了"谜团"或"谜之人物"的代名词，现在还经常被用来表示"测验"。A quizzical expression 就是大惑不解的表情，a quizzical movie 就是一部魔性的电影。如果你去查《牛津英语大词典》，它会告诉你 quiz 的词源不详。但坊间一般都流传上述故事，在网上顺手查"origin of quiz"就可以找到。很霸气，就像武则天创造"武曌"一样。

追溯词语的缘起和词义的演变过程非常有意思，词语里寄托着不断变化的文化观念。耙梳词义历史是文科学术研究的基本方法之一，但对不做研究的人来说一样有趣。

常见词汇的历史最为重要，因为它会向我们揭示居于文化核心的概念是如何变化的。Some things change, and some things never do.——这不啻是一个文化真理，大多数常见词语总是历史悠久，其具体意义也在不断变化。不论哪种文化，都有意义类似于"悲伤"和"高兴"的词语，但具体的悲伤和高兴却是每时每刻不同，且随不同的时期和不同的语言区域而产生变迁。

关于词汇变迁，一个非常好的例子就是 mind（头脑）这个词。古人也都认为人有意识，有记忆、认知、情感等功能，但他们要么认为意识跟心脏有关（古英语中表示意识的是 hige 这个词，一般认为位于心脏附近），要么认为意识是神或上帝赋予人的不朽"灵魂"（拉丁文里的 anima/us 或 mens，古英语里的 sawol，现代英语里的 soul），英语里的 mind 要到 14 世纪左右才变得比较常用，到了 17 世纪人们开始认为复杂意识活动由大脑产生（笛卡尔认为灵魂位于大脑里的松果腺处），这个时候表达"意识"的词才变为了 mind，即"头脑"。可见，从词语的演变中就能见微知著，发现文化进程的脚印。

首先，如果去查最最权威和完整的《牛津英语大词典》，我们会看到文化名士是如何使用 mind 这个词的。下面选取几例以飨读者：

1. 1390 CHAUCER *The Parson's Tale* 914 thoghtes that been enclosed in mannes mynde, when he gooth to slepe 人睡去的时候，头脑里包含的想法

——乔叟，《坎特伯雷故事集》之《教士的故事》（1390 年）

2. 1616 SHAKESPEARE *Merry Wives of Windsor* (P. 1623) IV. vi. 29 Wthile other sports are tasking of their mindes. 而其他运动都太费脑力。

——莎士比亚，《温莎的风流娘们》（1616 年）

3. 1690 J. LOCKE *Ess. Humane Understanding* I. ii. 5 No Proposition can be said to be in the Mind, which it was never yet conscious of. 没有被意识到的命题，我们不认为它存在于头

脑中。

——洛克,《人类理解论》(1690 年)

更有趣的是,可以从电子典籍库里查找"mind"及与之相关的词语的踪迹,然后发现原来人们其实觉得很难理解"头脑"这个概念,所以总是借助于隐喻,把头脑比作不同的实物。美国的文学研究者 Brad Pasanek 撰写了 *Metaphors of Mind*（John's Hopkins University Press, 2015）一书,专门整理、探讨 17、18 世纪的文学和哲学中有关头脑的隐喻。下面就摘选书中的一些例子,管窥那个时代人们对于头脑的认识。

把头脑比作动物和昆虫:

How, like a Worm, was I wrapt round and round
In silken thought, which reptile Fancy spun.
——Edward Young, *Night Thoughts*（1742）

我是如此地与虫子相像,把自己一层层包裹
在丝线里,任由蠕动的幻想摆布。

——爱德华·扬,《夜思》(1742 年)

把头脑比作帝国:

I told him, I once thought myself a kind of a Monarch in my old Station, . . . , but that I thought he was not a Monarch only, but a great Conqueror; for that he that has got a Victory over his own exorbitant Desires, and has the absolute Dominion over himself, whose Reason entirely governs his Will, is certainly greater than he that conquers a City.

——Daniel Defoe, *The Farther Adventures of Robinson Crusoe* (1719)

我告诉他,我以前总是认为我的"自我"是一名君主……但他已不只是君主,更像一位征服者。他凌驾于我出格的欲望之上,宣告绝对主权,他的理性完全统治意愿,比攻城略地的君主更为强悍。

——笛福,《鲁滨逊漂流记续集》(1719 年)

把头脑比作镜子:

Your Glass will not do you half so much service as a serious reflection on your own Minds; which will discover Irregularities more worthy your Correction, and keep you from being either too much elated or depress'd by the representations of the other.

——Mary Astell, *A Serious Proposal to the Ladies* (1694)

照镜子远远不如反观头脑;你会发现很多需要纠正的偏倚之处,别人对你的看法也就不至于让你欢喜或忧伤过度。

——阿斯特尔,《给女士的严肃建议》(1694 年)

把头脑比作房间:

... though the soul, like a hermit in his cell, sits quiet in the bosom, unruffled by any tempest of its own, it suffers from the rude blasts of others faults.

——Eliza Haywood, *The History of Jemmy and Jenny Jessamy* (1753)

灵魂如陋室隐士,安坐于胸膛(这里有些复古,把灵魂与胸膛而不是大脑联系在一起),即使自身波澜不惊,也会因为他人的错误而备受风暴摧残。

——伊莱莎·海伍德,《杰米和杰瑟米的故事》(1753)

把头脑比作写作:

Let us then suppose the Mind to be, as we say, white Paper, void of all Characters, without any Ideas; How comes it to be furnished? Whence comes that vast store, which the busy and boundless Fancy of Man has painted on it, with an almost endless variety? Whence has it all the materials of Reason and Knowledge? To this I answer, in one word, From Experience: In that, all our Knowledge is founded: and from that it ultimately derives it self.

——John Locke, *An Essay Concerning Human Understanding* (1690)

我们可以把头脑比作白纸,上面没有任何字样或思想。然后怎么给它抹色呢?人类无穷无尽躁动不已的幻想给头脑添加了繁复多变的内容,这些内容的源头到底是什么?它所有的理智与知识都是从哪里来的?我对此只有一个回答,那就是经验。经验是所有知识的基础,知识最终来源于经验。

——洛克,《人类理解论》(1690年)

是不是很有趣?这样一下子就可以知道意识是如何与大脑(the

brain)联系在一起,衍生出"头脑"这个概念,然后头脑又是如何被人理解的。文化概念变化的原因很复杂,不过首先要知道它是如何变化的。

细节与灵感：文学是如何发生的

2015年秋季在复旦开设的高级英语课上，我和学生们讨论记叙散文的写作，我被一个细节击中，心头一动。

今天就谈谈记叙散文中的细节。

先回溯一下那两周上课的情况。首先，我主要给学生读回忆录性质的散文，想要说明这类散文写作的两个关键点：一是叙述和描写如何穿插；二是过去的自己和现在的自己怎么对话，什么时候从过去的角度来写，什么时候加上事后的评价和剖析。用的例文是澳洲作家 Clive James 的自述文集 *Unreliable Memories*。里面除却上面所说的两个技巧，还使用了 mock epic（仿史诗）的手法，将童年的寻常小事写出了史诗的意味，既是对过去的致敬，也是自嘲。

然后，我让学生们用从 James 文章中学到的一些技法和表达方式写一段话，回忆童年的一件小事，要求既要有叙述又要有描写，将过去和现在的视角并置穿插，最好还有一些模棱两可的自夸或自黑。

课后，我收到了许多写得不错的作业，主题各异，语言虽参差不齐，总体功力还是可以的。

其中有一份作业，我看过之后，便知道这是难得一见的好文字。英语写得有点粗糙，但掩盖不了扑面而来的文学感。文学是什么？艺术是什么？都不好说，但可以感受。上课给大家讲解这份作业，愈发感受深刻,便有了开头提到的心动一刻。

让我们一起来看看原文吧(限于篇幅,有删减):

After I had spent eight months aimlessly and repeatedly in my grandpa's house, my parents finally decided to take me back to city. That burning summer afternoon was no different from others. The buzz of cicadas was twisted by the heat like twisted images over a fire. Being too young to enjoy those colorful summer games, like catching lobsters, going swimming and collecting cicada sloughs, all my entertainment was wandering along the narrow path before my grandpa's house, dragging a string of plush toys in my hand. I had a quirk of smashing toys to the ground, which my mother says is because my uncles always teased me by urging me to do so. This gives me the privilege of playing with rare, more expensive plush toys. That afternoon, when I was repeating my one thousand circles before my grandpa's house that afternoon, my parents appeared at the end of the path on a dashing royal blue motorcycle flying towards me, with a cloud of dust behind. Sadly I haven't met them for so long and have already forgotten who they are. Like a grand handover ceremony, the snotty girl in grey clothes was given to her parents to start her new adventure in a brand new world. In this world, the girl who had always considered herself as a peasant, talking and behaving in a peasant way, had to learn to disguise herself as an elegant person obsessed with music and books, like the most ordinary fruit which grows along the path in the crop fields but later

I found in supermarkets labeled as lantern fruit and is sold for more than 20 Yuan one pound. Anyway, in order to celebrate this ceremony, my uncles gave me something different from the dusty plush toys — a new, beautiful glass bowl with a gilt edge and incited:"Come on! Drop it!" In their cheerful and encouraging clapping, I dashed the bowl against the ground. That crisp and sharp sound marked the end of one experience. No farewells, no tears, just a bell tolled for bowl.（第一句没有铺垫，直接进入往昔时光。那时，父母要把住在农村爷爷奶奶家的作者接回城里，作者并不开心，临走还摔碎了一只碗。）

这一段在小说或散文里出现都不奇怪，小说和散文都需要这样的场景，这里的神来之笔是那只摔碎的碗。作者喜欢摔碗，这就是一个细节，几乎没有什么道理可讲，而没来由的细节是文学的一大标志。安·比蒂曾经写过一个故事就叫《碗》，里面的装饰碗与女主人公的处境和心境有着微妙的关联。史沫特莱的自传《大地的女儿》里也有一只碗，是作者梦里出现的物件，很飘忽，出现得突兀但也顺理成章。这两只碗和学生笔下的碗都有点晴雯撕扇子、丽贝卡吃泥土（出自马尔克斯《百年孤独》）、卡拉找小羊（出自门罗《逃离》）的妙处，都是生活中时有发生的细节，被作者敏锐地捕捉到，组织到虚构的叙述中去，很自然，不刻意用作隐喻，含义也完全开放。

这样的细节是文字构成的光斑，文学天赋的信物之一。不论是写诗写小说还是写散文，这种能想到细节，对于细节的处理又 almost resist intelligence（几乎抵抗理智——史蒂文斯语）的技能都是很重要的。

当然，这一段语言处理有些粗糙。我们可以修改一下，把它变成下

面这个样子:

After I spent eight months aimlessly in my grandpa's house in XX, my parents finally decided to take me back to the city. That hot summer afternoon was no different from any other. The heat cast a veil on the buzz of cicadas the same way as flames distort images. Being too young to enjoy such colorful summer games as hunting for lobsters, swimming, collecting cicada sloughs, I kept myself entertained by dragging a string of plush toys along the narrow path before my grandpa's house. I had by then developed a penchant for smashing toys on the ground, which my mother attributed to my uncles' taunts, and that gave me the privilege of owning expensive plush tops.

Sometime in the afternoon, my parents appeared at the end of a narrow country lane, on a dashing royal blue motorcycle flying towards me, with a cloud of dust behind. I could hardly recognize them. A grand handover ceremony followed, and the snotty girl in grey clothes was returned to her parents, to be initiated into new adventures in a brand new world. In this world, the girl who had always considered herself to be a peasant and behaved in a rustic manner would have to learn to disguise herself as an elegant person obsessed with music and books. She felt like an ordinary tomato that had grown along crop fields and now found itself in fancy supermarkets, labeled as lantem fruit and sold for more than 20 yuan per pound. My uncles gave me, as a going-away gift, a new, beautiful glass bowl with a gilded edge, and started their old tease: "Come on! Drop it!" In the midst of their cheerful and encouraging applauses, I dashed the bowl to the ground. That crisp and sharp sound marked the end of a journey. No farewells, no tears, just a broken bowl that tolled like a bell.

再看还是很喜欢这段,当我们的语言和感知力都得到加强的时候,文学性就会显现。当然,文学性不是一个名词,并不只有一种形态,也不是你有了我就没有;它是一个形容词,到处流动着,变成不同的样子寻找笔端的出口。

诗歌的放纵和规矩

文学研究能达到何种极限,最关键的还是语言能力。对词语的精准把握,对句式和文体的敏感,对相似概念的辨别能力和创造新词语、新概念的能力,都非常重要。语言不是思想的载体,很大程度上是思想的源泉。

学习诗歌是提高语言水平的必经之路。一般人学读英语诗歌需要多年的积累,所以也不用很急,当然有些技巧可以适当注意。以下面这首诗为例。

Pet Panther(1983)

A. R. Ammons(1926 - 2001)

My attention is a wild
animal: it will if idle
make trouble where there
was no harm: it will

sniff and scratch at the
breath's sills:
it will wind itself tight

around the pulse

or, undistracted by
verbal toys, pommel the
heart frantic: it will
pounce on a stalled riddle

and wrestle the mind numb:
attention, fierce animal
I cry, as it coughs in my
face, dislodges boulders

in my belly, lie down, be
still, have mercy, here
is song, coils of song, play
it out, run with it.

宠物豹子(1983)

A. R. 埃蒙斯(1926—2001)

我的注意力就像一头狂野
猛兽：闲来无事
便兴风作浪
平添麻烦：在

呼吸进出的窗台上
抽动鼻子,扒拉利爪:
有时紧紧缠绕
我的脉搏

有时,没有言语玩物
嬉戏的时候,猛击心脏,
致其发狂:有时又扑向
一个熄火的谜语

与大脑搏斗直到它发麻:
注意力,你这只凶猛的动物
我大声呼叫,而它只是轻慢,
对我脸上咳嗽,在我腹中

闹腾,躺下吧,别
动,行行好,这里有些诗句
诗句织成的线团,尽情
滚着玩吧,看你的本事了。

这首诗比较短,但阅读陷阱很多,用改写或翻译的方法可以测试并加深自己的理解。

在此,试着简单分析一下这首诗:

1. 句式结构略古怪。前面三节是一个绵长的奇喻,将诗人的"注意力"比作一头猛兽。第四节的中间开始诗人直接对注意力说话。前面三节不同的描述都用冒号相隔,是非常有个性的选择,制造出层层递进不可阻挡的文体效果。

2. "在/呼吸进出的窗台上/抽动鼻子,扒拉利爪",这部分很难理解。breath's sills 是一个局部的比喻,呼吸的"窗台"怎么理解呢?看来理解为上、下嘴唇还说得过去。那么"注意力"这只猛兽为什么在嘴边骚扰呢?恐怕是说有时候我的专注力不由我控制,会让我说出一些不便说的话。理解比喻需要一些想象力,这本来也是语言能力的一部分。

3. 同理,第四节里的 dislodge boulders 也比较难理解,但结合前面的"对我的脸咳嗽"来看,这个词组也表示"注意力"对诗人的不敬,即在诗人腹中捣乱(就像滚动大石头一样)。

4. 诗中还有两个双关的词组,可能是理解这首诗的关键,这两个词组就是 play it out 和 run with it。Play it out 有展开、打开的意思,也有进行到底的意思;run with it 字面上可以理解为跟着球跑(诗句组成的小球,即尚未加工和组织的诗句),也可以理解为以这些诗句为基础自由发挥(run with it 也有自由发挥的意思)。所以诗歌的最后两行的意思就是诗人恳求自己的"注意力"不要不受控制地乱行动,而应该从一头猛兽变为被驯服的宠物豹,帮自己加工诗句,让自己的诗歌能够完成。对词组的精确理解是非常重要的语言能力,影响我们对于整首诗的理解。

5. 当然,有兴趣的话也可以学习一下修辞手法。比如,赋予无生命的事物(attention)以生命,直接与其对话,就是一种修辞手法,叫作"活现法"(prosopopoeia)。

觉得有趣的话,我们接下来再读一首奥登的诗作"The More Loving One"(爱得更多的那个人)。

The More Loving One

Looking up at the stars, I know quite well
That, for all they care, I can go to hell,
But on earth indifference is the least
We have to dread from man or beast.

How should we like it were stars to burn
With a passion for us, we could not return?
If equal affection cannot be,
Let the more loving one be me.

Admirer as I think I am
Of stars that do not give a damn,
I cannot, now I see them, say
I missed one terribly all day.

Were all stars to disappear or die,
I should learn to look at an empty sky
And feel its total dark sublime,
Though this might take me a little time.

爱得更多的那个人

仰头眺望星星,满眼的穆穆落落
它们不在乎我,冷眼看我死活,
但我从来不必忧心忡忡地揣摩
地上的人与兽是否会待我以冷漠。

设想某日星星情眸灼灼
我却无以为报,会有多少惶惑?
假如激情的收支不可能对称,
我宁愿是爱得更多的那个人。

我想我的确仰慕
星星的傲然自足,
但对它们我说不上眷恋
不会一整天深深思念。

假如所有星星突然无影无踪,
我也会学着眺望寂寞长空
感怀壮美纯黑的遮天密帘,
虽说或许这会需要一点时间。

  这首诗意境深远,意义难以穷尽。有的人看到前半首,觉得是说诗人爱上了遥不可及的事物,安慰自己说毕竟爱得更多的那个人更加幸福。也有的人看到后半首,觉得诗人表达了一种天然的无动于衷,与星星之间以冷峻换冷漠,遥相望而无缱绻。而这两部分结合在一起,我们就永远无法确定诗人(或诗歌的言说者)是冷还是热。也许这正是我们所有人的情感状态,冷的时候很残酷,热的时候很孤寂,永远也说不清自己是克制的火还是无情的冰。

不论是诗歌还是小说,有兴趣的话,都可以自己试着创作,这样对文学构造的理解会更为深刻,也会更有动力去了解和研习文学。我有空的时候会写点诗歌,充实休闲时光,下面就摘抄一首和大家分享。

当你忧伤的时候

当你忧伤的时候
世界,
没有生路

孤雁于飞,哀鸣嗷嗷
燕语呢喃,惜人迟暮

芳草和江山怀念昔日的漫游
哀叹满天的风絮
和江上的沉沉暮鼓

悲伤盛装起舞
欢乐仓皇葡匐

白鸽系上黑色领结
钟表藏起臂腕
电波潜入海底。

突然间,一只黝黑的画眉
以无限的快意
放声戏弄附身的大地

冰淇淋之王身披旧报纸登场
带一队粗粝张狂的男女
准备收割
美丽的野草。

你独自一人,手足无措地等待——
一通电话带来死讯或奇闻的能量
一场大雪冰冻心灵,让悲伤永固
一次飞行推你登上枝头,通体金黄
是的,你就在忧伤的等候大厅里

凝视身边墙上的字符——
风絮暮鼓匍匐粗粝收割……
等待着奇迹飘然而至

WHEN YOU ARE SAD

When you're sad,
the world
has no potential.

The lone goose flies by wailing in the stinging wind
The swallows mumble in sickness over aging kings

The meadows and mountains recall the happy trips of yesteryears
sighing under the willow down swirling in the sky
and the evening chants of faraway war drums

Sadness dances away in plumes
Joy bows down to the ground in blues

White doves wear ceremonial bows
Clocks and watches hide broken arms
Electric sound waves dive under the sea.

All of a sudden, though, a darkling thrush
with full-throated joy
casts ridicule upon the prostrated earth

The emperor of ice cream bursts on the scene wrapped in old newspapers
heading a crowd of lads and wenches, crude and Brummagem,
ready to reap
the beautiful weeds.

You, alone, wait rattled
for the energy of a phone call bringing messages of death or scandal
for a blanket of snow that freezes pain into a formal feeling
for a trip up to the top of a branch where you will sit golden all over;

Yes, you've landed in the waiting room of sadness
reading the words carved into a nearby wall...
wailing, chants, full-throated, sickles, golden...
waiting for a miracle to fall softly down

狄伦获诺奖,文学死了吗?

狄伦获奖了,莎士比亚又被牵连进来。据说有大文化人称鲍勃·狄伦是类似莎士比亚的天才,我还没有细细考证,不过应该很有可能,正如也有很多人说 Rap 说唱乐创作者 Eminem 有着莎士比亚的语言天分。这都是比较随意的不精确类比,不过若论文化影响和地位,这个类比还是有一定道理的。

莎士比亚创造了一个新世界,一群新类型人物和一批新语汇,这是布鲁姆的意见,足以解释莎士比亚的伟大。文学曾经肩负着创世的功能,莎士比亚自然有异乎常人之处,但也有幸生于一个戏剧舞台拥有无可比拟的文化地位的时期(正是因为其影响力巨大,才时时面临被新教徒关闭的可能)。创造新人的任务后来被分散到非想象类写作,又最终归于社会运动和非阅读媒体。萨特说后殖民理论和革命是在创造新人,现在我们认为机器人和人工智能是在创造新人。我们今天创造新人的手段异常丰富,文学想象似乎不再有独特的力量,它必须和一切造人塑人的方式进行无比激烈的竞争,但是它比不上通俗音乐,比不上电视剧,比不上大型虚拟现实游戏,也比不上再造现实的游乐场。从这个意义上来说,也许今天的莎士比亚就是狄伦这样的艺术家。

阅读勃兴于印刷文化崛起之时,在西欧是 18 世纪,在中国或许是晚明,这是一场人类认知和情感的革命,使人们开始学会与书本中的想象世界建立亲密自由的关系。可是到了今天，伏案阅读似乎已经沦为一种保守和懦弱。知识跟随电波磁波无线信号从天上地下海里滚滚涌来，没有好的装备和异常柔韧的头脑，是接收不到的。有头脑都不够，要改装成科技脑才行。

所以，狄伦的获奖是一个信号，一直处于危机中的文学遇到了前所未有的最大危机，以阅读为传播方式的文学受到了文学人自己的唾弃和嫌恶，而以视听媒体为依托的文字拔得了头筹。

我不太想谈论狄伦歌词的"文学"价值，在这一点上并没有太多展开的空间。民谣一直以来都是文学的一部分，不过所谓经典文学大都经过文人的改造，必然以与普通语言不一样作为自己的存在依据。经典文学一直以来就是借鉴了通俗艺术形式的天才创造，但这并不等同于天才的通俗艺术，两者之间有着微妙但明显的差别。20世纪的现代主义和后现代主义只是将这种断裂推向极致而已，虽然这些文学流派与20世纪文化自身所带的荒诞一脉相承，在表达方式上却有意识地自绝于大众。

所以狄伦得奖的最大意义或许不在于对其歌词的"文学性"进行赏析，而在于加深我们对于文学所面临的危机的思索。在过去的几波危机中，文学采取的是转战他方的手法：照相技术诞生了，文学便不再简单写实；大众文化强势登场，文学便不再以娱乐为己任。今天我们或许也不得不倡导同样的策略，当然在表述上可以更强悍一点：正是因为视听文化泛滥，文学便更要坚守其通过阅读来开拓想象的阵地。

想象力是人之为人的乐趣，自由的想象力很容易在虚拟现实中丧失。所有试图想象过俄菲利亚的长相、埃尔辛诺城堡的样貌，和哈姆莱特推开俄菲利亚那一刻的心理的读者都知道这是什么意思，都可以理解想象力的艰难和快乐（即使你看的是舞台表演，戏剧和电影还是不一样的，表演的象征性强，程式化程度高，意义的模糊性也大大增加）。若把这一切都作为精确的影像呈现给你看,你不一定会快乐,很可能减少了快乐,开始想念原著。而最快乐的一定是想象力触碰到自己极限的那一刻,读《洛丽塔》的时候,你一定对主人公 H. H 感到不解,为他裹挟在梦幻语言中向你袭来的恶与善意而万分迷惑。这种不解正是极乐,正是毛骨悚然的美。

如果有《西部世界》中描绘的成年游乐园,我相信很多人是不会去的,因为与按照你设想定制的人在一起亲热有意思吗?就像你自己挠自己的痒有意思吗?会笑吗?突如其来的神奇遭遇是一切幸福的源泉。没有了崇高、未知和迷惑的世界一定很令人绝望,没有了蕴含迷惑的想象,文化一定是灰暗的,而文学始终为你开着一道想象的门,留下了不确定和不解的可能,留下了无穷的期待。热爱文学的人一定相信奇迹,一定在灰暗的时候相信灵魂不灭,在书本里寻找与知己灵魂的相遇,直到这种想象的相遇与现实的偶发诡异性交织在一起。那真是妙不可言的人生。

所以狄伦获奖,是一个重大的危机信号,但文学不会死,因为人们追求妙不可言的人生的愿望不会死。

另外,我当然挺喜欢狄伦的歌词和音乐,就像我喜欢很多其他优秀的歌词和音乐一样。就以他的一句歌词结尾吧:"我不盼着你和我有相似的感受/看见相似的东西,或是成为相似的人/所有我真正想做的/只是,宝贝,和你成为朋友。"我的想象力不会被用来限定和禁锢你,我希望能成为你的朋友。我也会继续热爱文学。

被 解 释 的 美

第四辑

辨才须待七年期：
实用英文写作

如何申请海外博士项目

经常有人问我如何申请到国外读硕士博士的问题，当然现在信息源多，大家总有办法找到各类出国服务和咨询机构，但总还会有许多零星疑问。2000年，我即将从复旦英文系本科毕业前夕，开始申请美国学校，那时思路很简单，必须要有全额奖学金才去，自己家里不可能出资。美国的博士项目大部分是有全额奖学金的，也鼓励本科生直接申请，而硕士项目更适合需要巩固基础和不以学术为志业但为某种需要想继续学业的申请者，收费比较多。我当时申请了大约六个左右的英美文学专业博士项目，加上几个硕士项目（申请硕士的时候同时申请助教岗位，这样就不需要自己出资了），后来被我申请的项目中最好的美国西北大学英文系博士项目录取。

直接申请英美文学专业的博士项目能够成功还是不太容易的，从我个人经验来说，最有用的资源是我大三时到美国马里兰州的圣玛丽学院交流期间积累的知识、经历和结识的人。如果没有这段经历，我可能不会对出国读书有很深的向往，也不一定知道该如何申请博士项目。与这段经历特别相关的是两位我十分敬爱的老师。一位是陆谷孙老师，是他帮我联系圣玛丽学院使我有机会出国交流，他亲自将我送到了之前遥不可及的学术高地；另一位是圣玛丽学院英语系的唐娜·理查逊（Donna Richardson）教授，是她手把手地帮我走上了文学解读和研究的路途，让我在文学方面的潜在能力得以萌芽。

因为我自己就是这样靠机缘和长辈的提携从懵懂中醒来的,所以对所有向我提问的同学都感同身受,我们的信息源受各种因素限制,不可能一开始就完整,关键时刻需要他人的帮助和提点。

我这些年来参与和目睹了不少学生的申请过程,有国外的也有国内的,发现了几个共同特征和规律。首先,本科的绩点和表现很重要,不仅要绩点高、各类英语考试分数高,也要修过相关专业课程,做过比较深入的思考和研究,有英语论文的写作能力。其次,如果是先在国外读研究生再申请博士专业,那么家里要具备一定的财力。另外,学术旅途没有中断的学生会相对顺利些,中断了之后需要很强的毅力才能再走回来。我认识一位很优秀的同学,工作几年后申请国内的文学硕士,然后再成功申请到海外的博士项目,这需要天赋、意志力和运气,如果有家庭负担,那么这条路基本上是很难走通的。我与几位朋友交流过,有了家庭、孩子后还想进一步深造,将事事掣肘,倍感艰难。所以一般来说,我总是鼓励年轻的学生们先专心学术,恋爱生活当然要同时进行,但最好保证不因此过多地影响精力和时间。家庭和孩子当然不一定会阻碍学术道路,关键是时间分配和意志力问题。我认识一位非常聪慧的朋友,是两个孩子的母亲,她聪颖而高效,很短时间内就可以完成论文写作,质量还都很高,家务事反而给她带来了更高的工作效率,相比"死线"临头才不得不专注写作的单身学生来说,她管理时间的能力要强得多。

一切都有可能,一切也都需要天时地利等条件许可。

言归正传,英美文学或比较文学类的海外硕士博士项目是比较难申请的,但非常值得有志于学术的同学一试。国内读硕士和博士当然也很好,不过当代中国的学术话语基本从西方传入,到这些话语的发祥地去汲取养分,应有正本清源之效,对了解西方学术规范和用西文写论文来说,也都是很好的锻炼。如果将来能进一步做到与中文话语体系穿插比较,就会加深对两种文化的理解,为学术创新埋下伏笔。

那么该如何申请呢?也许要再补充说明下为什么要研究语言文学。我们为什么要走上文学研究的学术道路呢?有些人是想通过研读过去的文学作品来磨炼自己的写作功力,中国当代作家严歌苓、薛忆沩都是这样。大多数人研究文学是因为情感丰富(这点我认为很重要,否则学术生命力会受影响),又精于分析议论,擅长对文本提出与别人不同的观点,擅长发现文学语言和其他语言的关系。英文等语言能力要过硬这点毋庸置疑,喜欢去图书馆和故纸堆打交道这项能力如今也是越来越重要,历史知识和对历史研究方法的掌握会让你如虎添翼。一般来说你最好喜欢理论,若实在不喜欢也没关系,可以尝试攻读中世纪文学,这个时期的文字和文化背景独特,业内规则与其他领域也有所不同。

一、博士项目种类:英美文学、比较文学、文学(Literature)项目

英文系大家都比较熟悉,不再赘述。当然基本是研究英美文学的,不过很多大系都注重跨国视野,所以最好懂点外语(法文、西班牙语、日语都很好),这样就可以研究黑人作家在二战前的巴黎、美国作品在拉丁美洲的翻译传播、拉丁美洲华裔作家这样的话题了。

比较文学(Comparative Literature)和文学(Literature)项目两者比较相像,后者就是前者的改良版。传统意义上的比较文学一般是欧洲文学占主导地位,而文学项目如此命名也是为了与欧洲中心主义区别开来。近二十年来比较文学将自身拓展为真正广义的世界文学,因而也催生了不少以广义文学为名的项目。不少学校同时有英语系和(比较)

Comparative Literature

文学系。比较文学和文学项目的列表可参见 Comparative Literature 这个网站。虽然"比较视野"在文学文化研究的各领域里不断变幻延伸,比较文学作为一个独立的专业却一直呈现萎缩状态,新的职位少,而且训练方面略显随意,体系性可能不如英美文学专业,学生如果求学时间不特别长的话,毕业后可能会有基础不牢固的感觉,当然这也因人而异,例外总是有的。

比较文学系一般会有语言上的要求,写申请的时候对自己未来研究的计划应该包含一点比较和跨国的内容。如果申请英美文学,可以不提跟自己文化背景相关的兴趣,提的话也未必有很大优势。我觉得比较折中的办法是设定一个主要兴趣范围,基本跟中国无关,但解释一下中国背景对拓展这个领域内部的研究视野可能会有什么帮助。比如说你想学的是维多利亚时期的小说,那么可以说你尤其对19世纪英国文学中的中国形象感兴趣(当然这个题目已经有人做了),并想与19世纪文学研究中的跨大西洋视角进行比较。

顺便说一下,有些大学(如哥伦比亚大学)没有比较文学系,只有英文系(和其他国别语言系),外加一个比较社会研究院(Institute of Comparative Society)。后者不单独招收学生,博士生必须先被某个国别语言系录取才能选他们的课,最后可以拿他们的证书(Certificate)。

二、申请材料

Statement of purpose 和 writing sample 当然最重要，不过绩点和 GRE 分也要尽量高，专业 GRE 最好考一下，这个分数并不是很重要，只要不是太差就可以。比较文学专业一般不需要专业 GRE 成绩，不少英美文学项目也不需要，我读博士的西北大学就不需要，我当时也没考专业 GRE。但是我现在觉得还是最好考一下，这样可选学校的范围更广。也可以先到美国读个文学硕士，边读边考专业 GRE。硕士申请和博士申请程序差不多，就是入围几率大一些。

也有些同学选择去英国、澳大利亚、加拿大或欧洲其他国家，我也看到过身边不少这样的例子。

推荐信什么的也不能轻慢，最好有外国教授帮着写。若是（通过出国交流或国内活动）有熟识的美国某文学教授很赏识你，而且在系里可以说了算，当然最好。不过一般文学专业招博士生的程序比较民主，每年系里会有一个研究生招生委员会（或类似这样的机构），大家一起审阅申请材料，筛选出一小部分人后，有时候还会请系里的其他老师共同参与，各自审阅自己领域内比较优秀的申请人，最后委员会开会，综合大家的意见，圈定一群准备给 offer 的人。这里分享一下我在哥大教学时的经历：每年申请总有好几百人，最后被录取的也就是二十来人。不过也没有那么可怕，真正有实力的申请人并不比这个数目多。如果系比较小的话由某个教授说了算的几率就可能比较大。在申请前可以找具体的教授联系一下，表示出对申请的强烈兴趣，当然这会不会有很大的作用也要看具体情况。

Statement of purpose

结构和必须包含的内容：1)研究兴趣和未来研究方向简述 2)自己过去的学术写作经历(要与将来的计划衔接紧密) 3)所申请的学校对自己有什么特殊的吸引力。

写作顺序也基本如此。如果自己的非学术经历很出彩,又对学术有帮助(比如你爱好音乐,而且有意向研究音乐和现代主义文学的关系),那么可以找地方提一下,否则不用多说。SOP 最好做到开门见山(一开始就说清你的兴趣和未来的计划),因为它的目的不是讲故事,而是用简洁清晰又比较优雅的语言把自己的兴趣和资历连缀起来。当然,你申请时说的设想可以在被录取后改变。

何谓研究兴趣和方向呢？一个文学领域(即时间段和地域)＋一些问题和理论视角,同时也可以有一两个辅助的次要领域。(主要的文学领域是什么呢？一般时间段方面也就是中世纪、前现代、18 世纪、19 世纪和 20 世纪而已,然后再分英美。比较文学可能更复杂些,需要涉及两个比较独立的领域。)

举一个实例(若干年前一个比较成功的英语博士项目申请人的SOP)。鉴于保护学生隐私的需要,只摘录不透露其个人情况的信息。

开头第一段就很直白：

> I want to research the ways in which the human body has been brought into both crisis and coherence within visual, textual, and theoretical discourses since the Second World War. During the past sixty years, bodies and discourses alike have seen profound changes, being remade many times over to bear new practices and new forms of experience, particularly in relation to warfare and sexuality. I am

interested in researching war literature, science fiction, and related visual and digital media, and the ways in which the bodies and narratives of war constitute one another. Simultaneously, I would like to read more broadly, examining modes of analysis and representation dealings with hybrid, virtual, and inorganic bodies and modalities — prosthetics, robotics, or conceptions of disability — as well as the interplay of technology and sexuality, especially how sexual identity and practice have been enfolded and altered by digital communications. My areas of interest include post-1960 visual and narrative form, critical theory, new media, theories of gender/sexuality, and cybernetics. However, I am also interested in theorizations and representations of bodies, machines, and spaces dating back to the late nineteenth century, and would like to pursue related inquiries into continental philosophy and psychoanalysis, object studies, Marxism, and even find de siècle writing on automata and robotis.

这位申请人的条件如何呢？他接下去谈了几个方面的内容：

1) 本科时候修的课 2) 本科时期做的研究 3) 具体谈自己的本科论文 4) 毕业之后一年的经历(并不需要有太多亮点)。

其中3)最重要，我把相关段落附在下面：

Together with my coursework, these projects formed the basis for my senior thesis. Entitled "XXX," my thesis was built around a conversation between Achille Mbembe's article "Necropolitics" and

Elaine Scarry's book *The Body in Pain*. The paper, upon which I base my writing sample, tended to the ways in which military occupations rewrite and rewire urban spaces, and examined the embeddedness of suicide bombing within this rewiring. Ultimately, my thesis fell into relief around questions of how bodies open to one another, how they can act as prosthetics for one another through acts of extreme violence. Sections of my thesis were published by two different undergraduate journals, one at XX University and one at YY University and it won XX's ZZ Literary Prize, a college-wide award given once annually.

最后是这样结尾的:

In graduate school, I want to continue exploring the place and function of the human body, both within the bounds of present-day military occupations, as well as in expanded form, across a range of textual and material practices. I feel strongly that English and Comparative Literature is the best place for me to pursue these interests, both for the department's well-established strengths in gender/sexuality studies and critical theory, as well as for the research interests of its faculty. I am interested particularly in XX's examinations of disability, sexuality, and aberrant "freak" bodies, as well as YY's writing on war. If admitted, I hope to work under XX and YY, as well as to benefit from exposure to ZZ and AA, whose writings exemplify a degree of engagement with global political and economic realities I am committed to practicing in my own work.

当然,SOP不是八股文,你也可以穿插一点个人经历的花絮,或调整必要因素的顺序。我还认识一个亚洲来美国读英语博士的学生,他的SOP前半部分是说自己如何喜欢上African American Literature的,先讲经历,再讲对未来方向的设想也可以,虽然我个人觉得不如开门见山来得好。

至于writing sample要怎样准备,我只能说最好是一篇20页左右的长文,且与未来方向有一定关联。所以说想申请的人,不论是本科生还是硕士生,都要提前准备。这篇论文当然也需符合基本的学术规范,如何写英文论文的问题可以看本辑后面的几篇文章。

三、如果申请到又如何呢?

这是一个很好的问题,你用两年时间读硕士,再用五到六年读博士,写出几篇文章和一篇博士论文,但读完会不会找不到特别理想的工作,从而感觉到失落?这实际上挺有可能的,现在去海外读英美和比较文学的同学仍然不多,虽然在海外获得教职比十年、二十年前还要难些,但国内对这方面人才还是有不少需求的,如果对地域和学校类型不是很挑剔,找到工作应该不是特别困难。但人需要考虑的事情很多:年轻教师收入水平或许无法满足基本的购房和生活需求,有工作机会的城市和学校或许不适合自己或者会逼迫自己与家人分居,工作院系的环境可能对自身发展不利,晋升等制度仍然有各种僵硬与不合理之处,因为在海外读博而不了解国内学术界人脉……种种问题都会浮现,海归年轻学者的生活总有许多困扰。

所以,潜在的博士申请人只好反复思考,自己对文学的分析和文化的研究真的有这么大的兴趣吗?万一不喜欢有什么办法改行?能面对将来可能发生的问题吗?等基本想明白了再申请博士项目吧。当然也可以先读一个硕士尝试一下。

如果让我回忆当时自己的心境,我会说申请博士的时候我完全没有想过将来会如何,需要做些什么准备。就算找工作,也是在读博最后一年才开始考虑的,找工作的时候也没有特别想过如果失败该如何给自己找出路。我不知道我是怎么过来的,年轻冲动的我因为冲动执拗有过一些误打误撞的收获,也闹过很多囧事,回头思量不知应该如何评价青葱岁月。今天的我要持重得多,但不确定如果一直不曾冲动,我还会不会是今天这个样子。我只能说,年轻的时候还是随心所欲一些吧,关键是无论你做出怎样的决定,只要之后尽全力去做,那就一定会有出路,即使结果与原先想象的不一样,也不会坏到哪里去。

写电邮的常用表达

一直想谈写邮件的事，犹豫着不曾下笔是因为我对商务信函和电邮往来其实并不熟悉，不过写电邮给非商业伙伴的情况也很普遍，写电邮主要依靠的也是普遍适用的沟通能力，某些特殊类型电邮的特定规矩学起来应该很快。

我刚开始用英语写电邮的时候，主要是给美国教授和同学等人员发信，当时觉得很烦恼，翻来覆去就几句话，句式和用词都容易重复，但通过长期积累，我还是拓宽了自己的表达方式。

这里分不同情境和需要来讨论。

1. 之前曾谈起过一件事，现在要继续谈

1) I thought I should write to follow up on our conversation last week. I have given more thought to the plan we tentatively discussed.

2) 假如以前有人说可以给你写推荐信，你到需要的时候去询问他们的意向，可以说：

I would like to take you up on your earlier offer to write me a letter for my applications to graduate school. Thanks for being so generous with your time!

2. 向别人表示感谢

1) I'm writing to express my gratitude for the hospitality I received

over the weekend.

2) I'm writing to say how much I appreciate you taking the time to talk with me yesterday.

3) It was great/a pleasure meeting you yesterday. Your advice is very well taken. 昨天遇到您很荣幸,您的建议我都会吸取。

3. 表示祝贺或欢迎

1) Congratulations on the position! It's certainly well earned/deserved! 祝贺拿到职位,实至名归!

2) 如果已经有很多人表示了欢迎或祝贺,你再加入,可以说:I'd like to join the chorus of welcome. Look forward to meeting you this fall! 我也想随众人一起欢迎你的到来!期待秋季相见!

4. 提出请求

1) 最常见的方式是说:a. I'm wondering if you would be willing to meet/you would be amenable to meeting with me sometime next week. "amenable to"这个词组很有用。

b. I'm wondering if it would be possible for you to meet with me sometime next week. I'd appreciate being able to consult you on graduate school applications.

2) 请求后面也可以加一句说明,表示即使对方没有时间,自己也不会太介意(这部分还是留给尊敬的前辈吧,对一般人也未必要说):

But I understand if you don't have time for this. The beginning/middle/end of a semester is always a hectic time! 您没有时间我也理解,开学/期中/期末总是异常忙乱。

5. 跟老师或者合作的同事就某事联系、接洽

1）联系、接洽就是 touch base with someone about sth. 所以可以说：

a. I'm writing to touch base with you about my plans for the dissertation.

b. I'm writing to touch base with you about our progress in.

2）或者也可以说：I'm writing to send you a few updates about my current project.

6. 表示"迟复为歉"的意思

1）Apologies for this late/tardy reply. I've been swamped with work for the past week and I find myself falling behind on all deadlines. 我忙疯了，所有期限都赶不上。

2）以上这种说法在朋友之间比较合适，如果是工作邮件就最好不要拖延。实在不小心回晚了，那么就说：Apologies for the tardy reply. It's not an excuse, but I've been struggling with a severe flu over the past week. 我上周一直重感冒缠身，但当然这不是理由。

7. 跟他人约定一件事

1）表示初步约定，可能有变：pencil in 是很好的词组，用铅笔填进去，就表示不一定是最终决定。

如：Okay, I'll pencil in the date then. Let me know if there's any change.

2）表示完全确定：I would like to confirm that the meeting is scheduled for Wednesday, March 16, at 1 pm.

附录：给期刊投稿的时候，有时需要附上 cover letter，提供自己文章的标题和大意。现在要求投纸质稿件的期刊已经比较少了，一般杂志都接受电子投稿，所以 cover letter 其实也就是投稿时要写的邮件。

以下这样就差不多了：

Dear Editors of XXX,

I'm writing to submit an essay titled "Gender and Marriage in *Clarissa*: Toward a Literary Approach to Emotion Studies."

The essay situates *Clarissa* (1748), a novel of extraordinary length by Samuel Richardson, in the context of the history of emotions in 18th-century England. The mid-eighteenth-century inaugurates the "Age of Sensibility," with its impasses and contradictions that are encoded in the novel as formal excessiveness. The essay argues that the character of Clarissa inflects a genealogy of female images and the invention of gender differences in 18th-and 19th-century England. Her interactions with the rake Lovelace inscribe changes in conceptions of marriage and female friendship during this era. Through an analysis of the ways in which central topoi, tropes, scenes in the novel resonate with and intervene in the cultural discourses on love and marriage, this essay reflects on how the evolution of the novel form relates to the evolution of "private feelings" in modern England.

Thank you for reviewing my work. I look forward to hearing from you.

Sincerely,
Wen Jin

推荐信怎么写

平时经常需要给想出国的学生写推荐信，数量多的时候就需要速度快而内容又比较到位，适当参考写推荐信的方法便很有益。推荐信也是一种文体，主要以介绍学生的成果和优势为目的，形式可以略有差异，但总离不开一些基本内容，也必然会涉及常见的褒扬式表达。过去我曾介绍过推荐信的基本架构，也在网上转发过美国高校网站上提供的推荐信示例，听一些朋友学生反馈说这些内容其实挺有用的，就也收进这本小书里。

一般来说，推荐信总是由这样几个部分构成：

1) 说明信的意图，写信人与被推荐人的关系，对被推荐人的总体评价；

2) 被推荐人的主要学术成就或学习方面的成果；

3) 被推荐人的个人品质及支撑叙述；

4) 表示对评审人的感谢，提供推荐人的学校电邮，表示愿意进一步交流。

以下附上两封从罗格斯大学（Rutgers）和加州大学伯克利分校的公开网页上找到的推荐信范例，有需要的同学老师可以参考学习。前一封比较强调个人素养，比较适合本科入学推荐信，后一封增加了不少学术成果介绍，对研究生、博士生可能更为适用。

实例并非样板,语句和每部分的繁简程度都是可以调整的。大家也可以自行搜索,找到更多可参照的推荐信实例。

推荐信实例(一):

Month 00, 0000

Scholarship/Fellowship Foundation

Street Address

City, State 00000 - 0000

Dear Screening Committee:

For all of his academic and athletic recognition thus far, *First Name Last Name* is a model of humility. He is proud of his accomplishments, but sees himself, and everything he does, as part of a bigger picture. When he was awarded a xxxxxxxxxx Scholarship, for example, the school newspaper noted that *First Name* was instrumental in Rutgers being named to the national All-Academic Track and Field Team. About that collective honor for his team, *First Name* said, "Personally, the xxxxxxxxxx is great, but to know that the whole team is doing really well academically — that's even more rewarding for me to be a part of it." *First Name* is remarkable for the joy he takes in the accomplishments of others, the honest pleasure he has in participating with them, and the humility he exhibits in the round of applause.

Born in Russia, *First Name* spent his childhood in Israel before his family moved to Mississippi, and then to New Jersey. In his short life he has attended thirteen different schools. These places have all influenced the way he sees the world. As a boy, he experienced Israel as a more communal culture, with emphasis on establishing social connections with all people around him; as an adult, he experiences the United States as a culture which promotes and rewards individuals, and which values the nuclear family as the foundational social unit. He sees worth in both cultural attitudes, and as a citizen in the US now, with its intense focus on individualism, one of his goals is to retain his sense of community, of social commitment. Bringing together these two ways of being — socially bonded and individually successful — he asks of himself: "How can I make this into a wholesome story?"

First Name is incredibly comfortable in his skin, and that comfort comes across as openness, curiosity, calm, centeredness. Even when he is being interviewed — presumably to talk about himself — he appears to be listening more than talking. I surmise that this quality is at the root of his scientific intelligence. He is an observer, a thinker, comfortable with the ignorance that precedes insight. The discovery *First Name* made while working for Amicus Therapeutics came about because he continued to ask questions about methodology well into the experiment; rather than resting content with the successful results, he continued to probe: this is a fine way to gather information, but is there something we are missing even in our success? There was. The holy grail of scientific research may be getting promising results, but *First Name's* experiences in the lab have rewarded him for focusing not only on results, but on continually questioning and improving the methodologies that may generate them.

First Name's goal in graduate work is to continue embracing broad questions of meth odology within the many fields of materials science: stem-cell biology, bio-materialsynthesis, computational modeling and analysis, and biomedical imaging. *First Name* values the promise of scientific application of his research and discoveries in the field of medicine. He is also aware of the challenges to funding the kind of breakthrough research that could make a dramatic difference. The current system of funding cannot support revolutionary projects, and these are what *First Name* believes will be needed to push cancer care beyond incremental progress. He hopes to provide medical applications where they do not exist today, for example, offering improvements to cancer diagnostics through computational modeling. Grand ambitionsin a young scientist and in *First Name*, they are coupled with a humanness, even a graciousness about what he may be able to do.

As smart and modest as he is, *First Name's* most prominent characteristic may be empathy. Born, I suspect, from the experience of losing his father one month into freshman year, he does not bear that loss three years later as a wound, but as a source of strength. He clearly misses his father, a powerful and warm presence in his life. But *First Name* has not taken on that absence as a burden, but as motivation. Indeed it is more than his father's death that motivates *First Name*; it is his father's life. *First Name's* sense of purpose was born not in the face of loss, but long before in the presence of fullness. *First Name's* father introduced him to the joys of discovery through play, and these evening father-son-daughter work-as-play sessions were *First Name's* introduction to visual imaging of structural changes. Long before his father died, *First Name* associated scientific discovery and learning with fulfillment and optimism, a world-view in which change is possible and good, despite unexpected and difficult turns.

First Name has always participated fully in the Rutgers community, even more impressive given that he has commuted from home three of his four years. After his father died, *First Name* remained on-campus for his freshman year, but following that, moved back home to support, and to be with, his mother. Despite the distance from his peers and the life of the Rutgers campus, his involvement in academic and extracurricular activities only increased. He has combined broad, deep, and high-profile involvement at Rutgers with strong family ties at home. He sees himself as part of the Rutgers community, whether in the lab or on the track and cross-country teams. He also lives every day intentionally as a son.

First Name is, quite simply, a gifted and focused scientist, a talented athlete, and a warm human being. As important as research and publishing is to him, as important as competing hard and winning races is to him, so are his relationships with his family, peers, teammates, professors, the people he imagines helping through his work. Though he would more likely call himself a scientist than a humanitarian, it is not far from the mark based on the values he professes, the attention he pays to his place in the scheme of things, and the way he is using his innate and developed abilities to serve more than himself. If this is not *First Name* making of his life a wholesome story, I do not know what is.

Sincerely,

Your Name

[University letterhead]

[sender's name]

[sender's departmental address — if not printed on letterhead]

[sender's departmental phone number, if available]

[sender's departmental fax number — if not printed on letterhead]

[sender's institutional email address]

推荐信实例(二):

[today's date]

[recipient's name][recipient's institutional address]

Dear[recipient's name]: or To Whom it May Concern:

It is my pleasure to recommend Jane Doe for admission to [name of program] at [name of university]. I am a fifth-year Ph. D. student at the University of Califomia, Berkeley. I came to know Jane when I was her Graduate Student Instructor for Philosophy 111: Ethical Relativism, taught by Professor John Smith. The course comprised [short description of course]. Jane distinguished herself by submitting an exceptionally well researched and interesting project on ethical practices in ancient Greece. I would rank her in the top 2% of students that I have taught in the past five years in respect of her writing ability and research skills.

Overall, Jane is highly intelligent and has good analytical skills. Her project on ethical practices in ancient Greece demonstrated her ability to come to a detailed understanding of the ethical practices of another, very different, culture, and to analyze the consequences of those practices for contemporary ethical theories. She gave a particularly interesting discussion of the difficult practice of infanticide, and showed both sensitivity and detachment when discussing its ethical consequences. Her overall intelligence is also reflected in her grades for the course, which were by far the best in the class.

Jane has excellent communication skills. Her written work is both clear and concise, as well as interesting to read. She demonstrated her oral articulateness in the discussion sections that were an integral part of the course. Each discussion section focused on a particular ethical dilemma. Students were required to analyze morally problematic situations, and to develop and argue for their own ethical views with regard to the issue in question. Jane was highly proficient in applying the course material in analyzing the problem situations. She always explained her views very concisely and gave supporting arguments that were both clear and persuasive. Jane also demonstrated good teamwork skills in group assignments.

At a personal level, Jane is a well disciplined, industrious student with a pleasant personality. She went well beyond the course requirements in the quantity and quality of her project, putting in a lot of extra research and attending office hours every week. Throughout the course, Jane demonstrated great perseverance and initiative. Not only was she interested in and motivated to learn the material, but she also put great work into assimilating it to her own experience and developing her own ideas about each ethical topic that we discussed.

Jane is unquestionably an exceptional candidate for graduate study in Ethics. Jane's work in Philosophy 111 suggests that she would greatly benefit from the opportunities for intellectual development provided by a sustained period of graduate study. She has proven herself to have the perseverance, initiative, and intellectual creativity necessary to complete an advanced graduate degree. I would therefore highly recommend Jane Doe. If her performance in my class is a good indication of how she would perform as a graduate student, she would be an extremely positive asset to your program.

If I can be of any further assistance, or provide you with any further information, please do not hesitate to contact me.

Yours sincerely,
[sender's signature]
[sender's name and title]

怎么写英文论文的摘要

这篇文章谈如何概论具有学术或科普研讨性质的文章,对写论文摘要有用,另外也有助于训练文献综述的能力,为写比较长的论述文做准备。

可以把文献摘要想象为一篇缩微议论文,具有议论文的基本结构和内容。写的时候主要分三步走。

一、开门见山:把主题概括出来

用一两句话说明文章主要在讨论什么。主题不是论点,论点是关于主题的看法。

常用句式,对应不同种类的文章主题:

1. 议论两个事物之间关系的主题(比如医学技术和伦理的关系):

1) The author examines the ways in which medical technology interacts with(或 relates to)ethics.

2) The author examines how medical technology interacts with ethics.

3) The author examines the interactions between medical technology and ethics.

2. 议论某事对特定人群影响的主题：

1）The author explains (analyzes) the implications of surrogate motherhood for lower-class Indian women.

2）The author explains the impact of surrogate motherhood on lower-class Indian women.

3. 追溯某事物发展历史的主题：

The author traces (charts) the history of invitro technology(体外受孕的技术) in the United States.

二、摘要主体要对文章的论述过程做出总结

1. 说明作者举了哪些重要例证

例如：The author analyzes the example of/case of the Davis couple, who sought a few times to conceive through in vitro fertilization, to no avail. Headed to a divorce a few years later, they found themselves battling over the custody of the frozen fertilized eggs they created together.（作者举了戴维斯夫妇的例子，他们多次尝试用试管婴儿的技术受孕，均未果。几年后当他们想要离婚的时候，他们共同创造的试管受精卵的监护权成了双方争夺的焦点。）

注意：这句先指出文章举了戴维斯夫妇的例子，然后用一个短从句（who sought a few times...）来说明这对夫妇使用试管技术的事，接着用一个完整的句子说明他们离婚时因此遇到的难题。不必把所有的内容都挤到那个从句里面去。

2. 说明作者通过例子分析了什么问题

不用说 this example shows 或 with this example, the author shows,

这些都已经在上下文中自然地表达出来了,不用硬说。

可以直接讲由例子引发的问题,如:The custody battle illustrates (demonstrates) the challenges that technology poses to ethics. In this case, the judge has to determine whether the eggs count as life and which "parent" would be better suited to take care of them.

这里用两个比较简明的句子指出文中的例子,引出试管婴儿技术涉及的伦理问题。

3. 最后说明作者的观点

The author argues(或 claims, points out) that unbridled technology raises more questions than it solves, often outstripping our ability to institute new laws and policies.(作者的论点是,不加约束的技术只会为我们制造更多的问题,往往会超出我们制定新法和新政策的能力。)

三、摘要结尾

再次概括一下文章的论点,并点出这个论点的重要性。

如:Ultimately, she (the author) places parental responsibility firmly in human hands. Nothing is more life-giving than our love for the young.

最后,说几个需要注意的语言规范。写摘要和概括的时候要注意变换句式,敢于多用简单句,让你的文字灵动通透,其间可以穿插一些长句子,把道理讲完整。

具体来说:简单句和复杂句要交错开来。一般来说简单句为多,复杂句可以用一些,但通常三四句简单句配一句复杂句比较好。(复杂句就是有从句或状语短语的句子,总之就是看上去比较长而复杂的句子,不必纠结于语法术语。偶尔可以用 and 或 but 来构成一个长句,不过只能是偶尔。)

按照意义和功能来分的长句子有以下几个类型:

1. 先提出一个概念或提起一个具体的人、事,然后用从句来解释:

This is a classic case of passive-aggressivencss, where a person puts on an appearance of weakness to gain an advantage over others.

2. 先说中心信息,然后用从句表达次重要的信息:

The judge has to decide to which parent to grand the custody of the child, who requires constant care due to his medical condition.

3. 因果性长句:

1) 重点在因,前面点出果:Headed to a divorce, they decided to sell the house.

离婚在这里也可以被认为是一种伴随情况,和原因差不多,比原因略弱一些。

2) 重点在因,后面点出果:They sold the house,(thus 或 thereby 或什么也不用)sealing their decision for a divorce.

关键是不要滥用长句,尽量精简语言。很多人在初学外语的时候,喜欢用长句和大词,也喜欢在说口语时语速飞快,这都是掩盖自己对外语缺乏信心的手段,要有意识避免。其实对母语英语的人来说,我们所使用的长句和大词都是他们的常用语言,没有任何新鲜之处,只会让人觉得读上去或听上去有点古怪而已。所以我一直觉得要多用生动的动词(如上面例子中许多常见有用的动词)和动词短语,这样才能写出地道的英语文章。

很多人要说,那么多理论家的文字都很难读很绕,他们不照样成大家了吗?我只想说,如果你有他们的学识,写得比他们清通生动,那么你不是更有成为大家的可能吗?

文学类英文论文的写作要义和思路

我经常需要辅导本科生及研究生构思和写作文学类的论文,这是个很累很繁琐的力气活,也是个很有挑战性的技术活。做得久了,终于可以比较有把握地来谈一些原则问题。总体来说,写论文要么从一部作品出发,要么比较两部不同的作品,硕士论文略深一些,博士论文需要考察一组不同作品之间的关联。但不论多少文本,文学分析的方法还是有章可循的。这里要说的方法同时适用于英文或中文的论文。

那么文学研究的目的是什么,关心哪些事情呢?简而言之,就是要说明文学在历史上起到了哪些无法被其他话语形式所取代的作用。这当然是所谓新历史主义的思路,也就是以文学和艺术为核心材料去挖掘隐秘的历史。这需要你把文学作品与同时代的非文学话语(如政治、医学、法学话语等)放在一起进行比较,说明文学和非文学在理解诠释同一个概念或问题的时候用了不同的方法,起到了不同的效果。

另外,还有两个同样重要,不过听起来不那么宏伟的目的:1)揭示文学体裁发展的内在规律——作品和作家之间的联系有着其他社会关系中不存在的特点。2)文学作品和影响受众意识的手段与其他很多艺术形式不一样,但又有相关之处,差异和相似处都要研究。

当然,分析具体作品的时候也不能只有如此抽象的大追求,还是要有具体的问题。比如说我们探讨奥斯丁的小说《劝导》(Persuasion),一个比较小的问题是看它如何显示对于"坚定"这种女性美德的看法,是否对于这种看法有所批判,以及作者是如何通过文体和叙事技巧来进行微妙的批判。这作为本科论文的问题比较合适。而硕士、博士的论文就必须在这些小问题的基础上指向更大的关怀。大问题分好几类,比如:1)小说如何表现拿破仑战争后英国对海军和其他基层职业看法的变化(属于小说与历史关系类的问题);2)小说塑造人物的手法在这个时候发生了什么变化(属于小说史类的问题);3)小说的读者在这一时期发生了什么变化(属于文学传播和接受的问题)。

不论问题大小,要回答好都必须要用到细读的手法,同时也最好借助理论的帮助。所以,这篇文章就有两部分内容,首先具体讲一下什么叫 close reading,或细读,然后概括地谈一下文学分析类论文应如何运用理论的问题。把这两个基本问题的原理搞清楚,论文也就有谱了。

一、如何细致分析文学作品

分析是我很喜欢做的一件事情,但很长一段时间里我完全不得文学分析的要领。我大三的时候去美国马里兰州圣玛丽学院交流,唐娜·理查逊老师总是对我说要加强细读。可这意味着什么呢?我前一阵子跟一个年轻朋友谈话,他说自己不太擅长也不喜欢细读,不喜欢对着字眼一个个琢磨,把文学机械地肢解。这种对于细读的疑虑我想很多人都有,那细读就是对文本的伤害吗?如果用得机械,的确会产生附赘悬疣、多此一举的荒谬感。

细读应该基于反复阅读后对突出规律和特征的把握,比如一个经常出现的关键词或隐喻,反复出现的一类场景,一种人物特征,一种情节编织的技巧,一种句式和文体习惯等等,不一而足。对这些反复出现的规律和特征加以思考，提出几个可能适用的问题，就可以踏上细读的蜿蜒小道了。

在揭示文本中潜在的规律时，不需要穷尽所有个例，找出几个代表性段落来进行深入分析，显示出自己的能力即可，目的是对提出的问题做出充分的阐释，其他次要例证只要简要概括就可以。

来看个例子，Nicholas Dames 的"Austen's Nostalgics"（《奥斯丁的怀旧学》）发表于美国比较重要的文学和文化研究杂志 *Representations*（73.1,2001）上。

下面是《傲慢与偏见》靠近结尾的一段。丽兹对已经成为伴侣的达西先生这样说道：

> The letter, perhaps, began in bitterness, but it did not end so. The adieu is charity itself. But think no more of the letter. The feelings of the person who wrote, and the person who received it, are now so widely different from what they were then, that every unpleasant circumstance attending it, ought to be forgotten. You must learn some of my philosophy. Think only of the past as its remembrance gives you pleasure. (pp. 368-69)

这一段看似浅显，但其实对分析者的要求更高，一般刚开始练习细读的同学可以挑选一些语言复杂、意义曲折、让读者有些迷糊的段落，这样容易找到分析点。

就这一段来说，丽兹似乎在对达西讲一个很简单的道理：人要回顾过去，但只能回想快乐的事情，不要怅惘失落。这有什么可分析的呢？

首先，你可以想一下，"回顾过去"是一个在小说中反复出现的母题吗？母题在大多数情况下也可以说是隐喻（trope），因为文学中一切皆隐喻,它指向更抽象的东西。Is nostalgia or homesickness a recurrent theme or trope throughout the novel? Does it come up in different passages? Where are these passages? ("怀旧"这个主题/隐喻是否在全文中反复出现?出现在哪些段落?) How does this theme play out differently in each of these passages? ("怀旧"的内涵在这些片段里发生了什么变化?)

为了比较深入地探讨这些问题,你不仅要对文学文本加以细读,也要找到同时代关于怀旧的非文学性话语,如心理学和医疗话语,仔细分析这些话语对于怀旧的描写和理解,并将之与奥斯丁对怀旧的刻画做一番比较,这个过程就是文史互文的过程,由此可以逐渐回答一个比较大的问题:奥斯丁的小说对于怀旧的认识与同时代的非文学话语有何不同?体现了小说什么样的独特社会功用和价值?

为了找到关于怀旧的历史话语,你需要做一些研究和搜索,比如可以在18世纪文献数据库(ECCO)中寻找 nostalgia 这个词(及其同义词,如 homesickness)在何处出现等。研究方法在下文中还会专门谈。

如果你像 Dames 一样,发现英国航海探险和殖民书写中"怀旧"(nostalgia)一词经常出现,而且往往以病症的面目出现,那你对奥斯丁怀旧观的解读就可以比较深入了。

比如说曾有个植物学家(Sir Joseph Banks)在1770年和库克船长在太平洋上环游的时候,写日记记载了自己的所见所闻,日记里如是说:"The sick became well and the melancholy looked gay. The greater part of them were now pretty far gone with the longing for home, which the physicians have gone so far as to esteem a disease under the name of nostalgia."

积累一些类似这样的证据之后,你就可以开始进行假设和阐释。或许可以说,奥斯丁的这个段落实际上是把怀旧"正常化"或"去病症化"的一种手段,她是在告诉我们当往事令我们忧伤的时候,应该剔除这些负面情绪。这也就是你论文的基本论点,你可以在找到更多的证据后对这个论点进行验证和修正。

我们现在就来看看 Dames 是如何细读刚才那一段的:

首先他为自己的分析提出了一个梗概,即这个段落重要在哪里:

> What was a troubled memory and one with a potential to resurrect resentment and ripple the surface of this new pairing — is transformed by Elizabeth's "philosophy" into a nostalgic pleasure.

这段之所以值得细致分析,是因为在这里,惶惑的思旧变成了淡淡的愉悦。然后他展开讨论:

> Indeed, the nostalgic principle of "pleasure" neatly brushes aside any impertinent queries or lingering doubts. Elizabeth's nostalgic fantasy — that all is different in the present, and that the past can be safely, even pleasurably recalled once that disconnection is asserted — is nothing if not pragmatic. Barring any yearning for the past, or any continued cathexis to memory, her new nostalgia has cured what the older, medicalized nostalgia puts into peril.

这里共三句,后两句比较关键,说明了伊丽莎白回顾过去的方式的特殊性及其社会意义,她的态度对将怀旧当成病症的认识有纠偏的作用(cured what the older, medicalized nostalgia puts into peril)。

最后 Dames 小小地总结了一下，并开启下文：

> Darcy will insist upon returning to his past, a moment to which I too will return, but Elizabeth's proclamation signals the end of an older style of nostalgia. Her "philosophy" is entirely in the service of the present, and so it is appropriate that this conversation should end by their finding, "on examining their watches, that it was time to be at home" (p. 370). Unlike Marianne's addiction, the new nostalgia increasingly employed in Austen's fiction is turned resolutely forward.

除了要通过分析段落来逐渐论证你的论点，细读的时候还有两点需要特别注意：

1) 分析段落时一定要穿插引用一些原文中的话，格式参见 Dames 的范文。

2) 分析时可以适当把手头的段落与本书的其他段落以及相同作者其他书的相关段落进行比较。

除了找到文本中反复出现的隐喻和关键词，并将之与相关历史话语相比较之外，细读还有许多绝招，比如叙事技巧分析和句式分析也都是合理有效的方法，叙事技巧分析大家可能比较熟悉，此处略去不谈，句式分析与隐喻分析相结合的方法我会在之后的《情感与形式》一文里做详细介绍。

二、理论是个什么东西？

我首先要说的是，如果你不太了解理论，问题不是很大。厘清理论的定义并不是我们写文学分析类论文的目的。理论是工具,没有或缺少工具,徒手也是可以完成很多任务的。当然,研习理论后你的思考分析能力会急剧提升。

理论这个工具如何辅助我们进行文学分析和阐释?

大多数所谓理论来自文学研究以外的领域,包括哲学、政治经济学、语言学等等。当然还有些直接产生于文学研究的理论,如经典叙事学理论等。也就是说,读这些理论并不能帮我们细致地分析文学的形式特征,且无法直接有助于理解文学的细节。但理论往往能提供一种思路,将我们引向几个未经理论训练的读者不会想到、或即使想到也不会进行特别深刻思考的问题,比如自我和他者的问题,权力和话语的问题,"真相"与视角的问题,欲望与身份的问题等。这些看似嚼烂了的话题却都是借助于常见的文艺理论才得以成为学院批评家的共识,这些问题都在文学中以某种方式显现,研习过理论就更容易在文学中挖掘到这些问题。这就是通常所说的"问题意识",与理论学习有很大关联。

然而,理论对于文学阐释来说毕竟只是工具,它提供的一些思路和术语,可以拿来加强细读,但不能喧宾夺主。虽然你细读文学的思路和论点或许源自理论,引用理论也可以支撑或衬托你的论点,但最好不要让人觉得你的整个论点完全基于某个理论,表述的时候尽量将理论化为自己的语言,少量适当地引用理论著作即可,不要让理论代替你自己的思考。

下面举个例子来说明这个问题。引文来自韩嵩文(Michael Hill)老师写的探讨林纾的文章"National Classicism: Lin Shu as Textbook Writer and Writer and Anthologist 1908-1924"的论文的序言部分,原文发表于 *Twentieth Century China* (Vol 33, 2007)这本学术期刊。我们来看下序言中的这段:

In his well-known essay, "What is an Author?" Michel Foucault argued that the "author function" plays an important role in shaping our understanding of literary and intellectual history. In the same spirit, this article takes largely unexamined materials from Lin Shu's career to ask what was a guwenjia, a master of ancient-style prose, in the late Qing and early Republic. I argue that Lin Shu and his collaborators in the publishing industry took significant steps to redefine the guwenjia in relation to shifting cultural debates and changes in reading publics. The central means for these efforts was their innovative practice of "national classicism", a phrase that I use to describe the judgment, re/production, and marketing of self-styled traditional Chinese Literary texts and values as the substance of modern, national culture.

这里，福柯的"author function"（作者-功能）这个概念被提到，只是为了说明本文的一个核心概念——清末民初的"古文家"——的内涵："古文家"和"作者-功能"一样，都是一种富于社会功能的符号，而不是指真实的人。这段体现的就是所谓的 has a light touch with theory（点到即止），理论不是论证的对象或中心，只是为解释对象提供了一些词汇和思路而已。同时可以注意到：本段后半部分提出了全文的论点，并对论点中涉及的另一个核心概念（national classicism）也进行了清晰的定义。

当然，这里对于福柯概念的运用不是没有问题的，因为这个概念是福柯从对于18、19世纪欧洲文化的研究中演绎出来的，与"古文家"这个概念只是有些模糊的相关性，作者引用福柯可能会让人觉得是在用西方人视角研究近代中国文化，有种错位之感。这时候就需要调动中国自身的理论资源,也可以联系比较中西话语对于类似事物的不同看法,这样可能更富于创新性。错位的并置本身就是有趣的,但仔细考察这种错位或许能更有效地促成深度剖析和思维创新。

另外还有一种谨慎处理理论的方法,那就是还原理论产生的历史,探讨其本身的局限之处,说明具体的文学作品如何补充、修正了理论。比如说人类学家历史学家 Ann Stoler1995 年写了一本书叫 *Race and the Education of Desire*(这和文学研究不同,不过有许多相通之处),里面就用福柯的 18 世纪资产阶级性欲起源的理论来讨论同时期东南亚殖民地的性秩序,但作者一开头就花了很大篇幅说明福柯的理论忽略了 18 世纪欧洲殖民地对欧洲内部社会关系的影响,因此得以用历史素材来丰富福柯的理论。

以上就是我对论文写作的两个基本问题——细读和理论使用——的一些看法。

文学类英文论文的研究方法和序言格式

上一篇说的是写论文的要义和基本思路,这篇谈两个技术问题。首先讲在论文有一定的思路和问题的前提下,如何进行搜索和具体研究;其次谈论文的序言(Introduction)部分怎么写。这里所说的研究主要是指依赖电子数据库(期刊论文库和书籍检索软件)所做的研究,即便这样基础的研究也是需要掌握方法和诀窍的。

一、搜索和研究

在检索论文库和书籍目录时需要输入关键词,输入什么关键词取决于你论文所要问的问题,而你所要查询的问题来自你对于文本的大致认识。前一篇文章里我说过,首先要反复阅读文学文本,找到不断出现的规律和特征,包括一以贯之的隐喻、母题和类似场景等(这些都可以成为你的主题),然后我们要由此提出问题,可以观照文学与历史的关联,可以观照文学史的进程,也可以观照文学与其他文艺体裁的关联。

以之前分析过的奥斯丁的小说《劝导》为例,我们找到了贯穿其间的"怀旧"主题,而我们提出的问题就是奥斯丁小说对待怀旧的态度与同时期的医学和心理学话语有什么互文和关联。标准的论文题目一般都同时包含主题和问题两种元素。

我们可以来看以下两个论文标题：

"The Dead that Haunt *Anil's Ghost*: Subaltern Difference and Postcolonial Melancholia"

"The Anxiety of Affluence: Family and Class (Dis)order in *Pamela*: *or, Virtue Rewarded*"

"死人"（the dead）就是第一篇文章的核心主题，而"对富贵的恐惧"是第二篇文章的核心主题。两篇文章通过细读关于"死亡"和"对富贵的恐惧"的段落，分析出了这两部小说（*Anil's Ghost* 和 *Pamela*）对于两种不同历史话语——后殖民主义条件下的情感结构和家庭阶级关系——的态度。当然不是所有标题都有这种构造，还有好些标题只列主题，如"Spectator Dynamics in Greek Tragedy"。

有的时候，你选择的主题比较抽象，比如说你想把"意义的不确定性（unstable meaning）"作为你的中心隐喻（即主题），着重讨论文本中不同人物对相同概念的互相矛盾的阐释，这是完全可以的。不过这个时候，你最好在文本中找到一些更为具体化的和不确定性有关的意象。如果有一些场景描绘了某一景物在不同光线中呈现的不同状态，那么这些场景就可以成为你的核心隐喻或主题。

一旦找到了主题和问题，你就可以开始在网上做一些资料查询工作：

1. 首先到 google scholar 中去寻找已经发表过的相关论文。先输入"文本名字＋某主题"，然后再输入"文本名字＋某问题"，这样你就会找到不少探讨相似隐喻和问题的期刊文章及书籍，挑选最近的看，注意后面的注释，梳理出一段批评史来。

2. 然后你可以到更专业的论文数据库中去找相关论文（如 Project muse, Jstor, ProQuest, 这些数据库很多国内高校都有）。对英美文学研究来说最好的数据库莫过于 MLA International Bibliography 了。这个库国内很少有学校购买，如果你真有心研究，可以请你在国外的朋友帮忙，让他们帮你上国外的图书馆网站查询。

3. 系统查看了相关论文和书籍（章节）后，可以再看一些综述性的研究书籍，比如你想研究小说《帕梅拉》（Pamela）与 1753 年英国婚姻法案的关系，那么可以看看别人如何讨论这个法案与各类 17、18 世纪小说的关系，然后再想一下《帕梅拉》与同时期其他小说相比所具有的具体特征。

4. 如果你还有时间和需要，可以再查一些历史原典，比如《十八世纪女性道德手册》等，寻找有助于你回答自己问题的一手资料。18 世纪原典有个电子库——Eighteenth Century Collections Online（18 世纪文献数据库），国图就有，国内不少高校和省市图书馆也已经购买，完成在线注册应该就能用了。不论研究什么领域，对于本领域有哪些研究资源要多请教内行，有不少特别的资料库都分散在各地的图书馆和档案馆。美国有份专业杂志叫 Archive，有很多关于这方面的讨论。

对搜集到的资源当然要记录和整理，这时候可以利用一些软件，常用的整理书籍和论文的软件有 Endnote 和 Zotero，后者我觉得很好用，可以在网上抓取 PDF。身边经常有朋友向我推荐各种整理资源的利器，如 One Note，也是很有用的笔记整理工具。

二、怎么写论文序言？

你找到了想要探讨的主题和问题，做了一番研究后有了初步的想法，就要开始构思文章开头的序言了。这里讲最"标准"的序言形态，一般是全文篇幅的七分之一到八分之一长。

常用、好用的结构如下：

1. 以作品中一个典型场景为例,引出你的问题和主题。或者开门见山,提出你在某文本中观察到的规律和特征及引申出的问题。

2. 简要概述一下作品的内容、出版史和重要的历史语境,介绍作家背景。假如你的论文写的是不太知名的作品,那这一步就更不可或缺。

3. 引用其他批评人关于同样或相关 trope/issue 的分析,说明他们的不足。这部分可以看成是一个简略的文献综述,具体的文献综述在正文里还要继续展开,可以集中在某一节,或穿插于细读当中。

比如这句:Readings of Mansfield Park have repeatedly tried to bring the novel into accord with the rest of Austen's canon and to justify the values that govern it. But even the most acute and learned of such efforts do not quite satisfy — in part, I would suggest, because they must labor under the strain of rationalizing what is not finally rational.

又如:Following a number of fine readings of Whitman at war — especially those of Betsy Erkkila, Charley Shively, Robert Leigh Davis, Max Cavitch, and Michael Warner, who in different ways trace out the queer resonance of Whitman's hospital life — I want to consider in detail how, under the pressures of the war, Whitman's vision of sex transforms and extends itself.

4. 通过回应其他批评者引出自己的论点,初步回答自己之前提出的问题,给出一个完整的论点,并简单解释自己在论证中会用到的素材和方法。

5. 概述论文各部分的内容和论述的逻辑顺序。这个步骤有时可以省略,在长论文中一般建议加上。

最后,很简略地说一下论文正文。可以把论文分成带小标题的几部分,对文本中含有核心主题或隐喻的各段落各细节加以细读,组织起来层层推进地阐明你所要探索的问题。细读中自然会涉及别人的批评文章、非文学的材料,也会略微涉及一些理论。还要注意适当引用原文,要有至少几段 block quotes(大段引用),也要有穿插在议论中的更为短小的引文。

我建议好好钻研一两篇比较典范的本科生论文序言。研究生、博士生可以去 JStor 等专业论文数据库下载与自己研究相关的论文,此外,还可以参阅哥大英语系本科生办的批评杂志 Columbia Journal of Literary Criticism,里面收录了很多本科生写的优秀课程论文,其写法基本依照了很规范的论文写法,可上网去下载近几年的几期。同理,还有威斯康星大学麦迪逊分校本科生文学批评期刊 Madison Journal of Literary Criticism,以及加州大学伯克利分校比较文学期刊 UC Berkeley Comparative Literature Undergraduate Journal。

至于如何写注释、如何列参考书目,每个学校有自己的规定,大家注意一下就好。论文结论部分没什么太大的难度,就是要加深一下对于论文意义的阐释,还可以找到同一作者写过的其他作品,略谈一下你的论点是否适用于那些作品,等等,不一而足。

附:文学研究各时间段的代表性学术杂志,给研究生及有兴趣的读者看看。

哥伦比亚大学文学批评杂志

威斯康星大学麦迪逊分校文学批评杂志

加州大学伯克利分校比较文学期刊

文学研究的代表性学术杂志

情感与形式： 论小说阅读训练[①]

摘要：本文探讨小说阅读教学中的核心问题，即如何使学生在阅读中发现小说阅读的意义，形成阅读的动力，进而操练分析小说的基本方法。文章指出，自18世纪以来，小说成为日常或私人情感最主要的载体。小说通过虚构人物首先指出言行与情感的分离，以及叙述声音与人物内心的不对等，因此考察情感与叙事语言形式的关系应该成为小说阅读的主要目标。实现这个目标有几条基本思路，包括本文提到的关键词梳理、句式分析和叙事视角及结构分析等手段。接触长篇小说的时候，学生可以先读一到两章，教师以此为基础演示几种阅读方法，学生领会后可以在自己接下来的阅读中加以实践。教学经验证明，用这个程序学生的阅读兴趣和能力都有显著提高。

Abstract: This essay discusses effective ways of training students, on both undergraduate and graduate levels, in reading fiction in English. The professor needs to have in mind two major goals, namely sustaing students' interest in reading and helping them delve into the underlying

---

[①] 这篇文章原载于《英语教学理论与实践》（2016年第二期），与我谈的论文写作技巧问题息息相关，就在这里附上，希望对大家有用。此文专论小说阅读和分析的方法，围绕两个要点：句式分析和寻找核心隐喻。——作者注

meanings of fiction as embedded in narrative and linguistic forms. Like all other readers, students are naturally drawn to the depictions and suggestions of sophisticated sentiments in the modern novel, which since at least the 18th century has become the central arena of psychic drama in Western culture. But they need guidance on how to decipher the implications of recurrent imagery, syntactical variation, and shifts in narrative perspectives and structures—all effective ways of getting beneath the surface of fictional writings. Pedagogical practice has proved that, when instructors demonstrate their own techniques of readings with clarity, a majority of students are capable of making remarkable progress in fiction reading.

关键词: 英语教学、小说、阅读、句式、情感

小说阅读的训练通常要注重两个方面,第一是速度,第二是理解的深度。这两种能力看似互相掣肘,实际上也有互相依赖的关系。深度理解小说必须以比较大的阅读量和阅读速度为前提,而阅读速度反过来又取决于读者能否从小说中读到对他们有价值的意义,并产生大量阅读的动力。所以这两者只能在互相牵绊中慢慢一起提高。

也正是因为这个原因,小说阅读课程的教学难度很大,与语言教学不同,不能简单地传授慢读和速读方法。华师大外文学院开设的"文学阅读"以及"文学评论和学术写作"课程都在阅读教学方面做出了重要尝试,传递叙事文学的趣味,同时也提高学生的文学分析能力。很多其他英语专业也开设文学阅读课程,复旦英文系最近的课程调整就将传统的"泛读"课改为"文学导论"。但这样的课怎么上,怎么让学生在阅读中发现兴趣,并在兴趣的驱使下,逐渐学会阅读技巧,在深度和速度上同时提

高,是门很大的学问。

文学经常被称为"人学",其中流露的思想和情绪天然对很多学生有着强大的吸引力,但这些思想情绪又时常依托于或复杂或微妙的语言形式,让许多学生望而生畏。小说尤其如此,有的作品语言看似过于浅白,没有咀嚼余地,有的又过于繁琐,满眼荆棘。这也与小说的发展史有关。长篇小说于17、18世纪之交诞生,以满足上升的中产阶级阅读和娱乐的需求为主,参与缔造了麦克·沃纳(Michael Warner)所说的"第一个媒体时代",人们从小说中获得虚拟的真实,也获得愉悦(Warner 1998: p. xi)。而小说也成为描写内心情感的主要体裁,催生了个人主体和"私人领域"的崛起。但与此同时,小说强大的移情作用也引起了许多焦虑和抵触,有抱负的小说家将自己的诗才倾注于小说的叙事语言,在语言中暗藏玄机,模仿不同阶层个性人物的观察方式,以曲折委婉的形式表达小说人物的情感,阻碍简单的移情效应。小说以形式不完满著称(Lukács 1971)①,但这也就给它带来了许多形式创新的空间,给读者制造了很多潜在的阅读障碍。

可以说,自18世纪以来,小说既是日常或私人情感最主要的载体,也是对情感进行最复杂、最富有挑战性探索的体裁。小说"发明"了人物的言行与情感的分离,以及叙述语言与人物感触的不对等。文体、叙述视角,用词和句式特点时而扩大两者之间的距离,时而又将之缩小。20世纪文论中有很重要的一部分阐释的就是叙事形式与内心情感和主体建构之间的关联,从新马克思主义各支流对语言与意识形态关联的研

---

① 卢卡奇原话:"小说的构成包含一个悖论,各种异质而互相分离的元素被统归为一个有机整体,但同时一次次抹杀自身的整体性。"(Lukács 1971, p. 84)本文中所引的原文翻译均为笔者自译。

究,到精神分析影响下的各种情感理论,再到叙事理论对小说呈现意识方法的梳理,无不是在应对这个问题。形式与情感的关联问题虽然高深,却也是文学阅读与研究的一个基本的问题,对初学者也深具吸引力。学生可以在教师的带领下从基本阅读技巧入手,培养解决这个问题的初步能力。

当然,不是所有的小说都以情感探索见长,故事本身也有很多拥趸,但即使纯粹以情节取胜的文学,也开拓了不少表达和塑造主题的重要途径,侦探小说所引发的众多理论探讨就是一个很好的例子。笔者在下文中会以本科课程和研究生课程为例,阐发对于文学阅读训练的理解。阅读训练不能只从细读入手,因为过于注重文学形式本身,并不利于训练学生的小说阅读技巧,阅读小说实际上是一个将语言形式与情感联系在一起的复杂过程。

一、本科生阅读能力的培养

阅读小说在扫除了基本的生词、句式的障碍后,就要触及语言形式和阐释人物情感的问题。不论小说使用第三人称叙述还是第一人称叙述,对心理状态的呈现都不局限于叙事者的概括、转述或者"内心独白",还有很多间接的方法。一般来说,可以让学生在阅读的时候特别注意以下形式特征:叙事视角的转换、反复出现的意象和词汇,以及句式特征这些因素。这些可以说是解读小说具体人物的情感和小说叙事整体的情感内涵(也就是说"叙事声音")的主要形式路径。

1. 以《在切瑟尔海滩上》为例说明意象与句式分析的阅读法

笔者在辅导本科生论文的"文学研究方法导论"课上讲授过当代英国作家麦克尤恩的中篇小说《在切瑟尔海滩上》,当时用了两个简单的方法引导学生洞察文中所隐含的对人物心理的暗示。这部中篇小说很适合讲解,因为第三人称叙事者对人物内心的揭示程度比较"适中",既没有过于密集的剖析,也没有留白太多的神秘,而麦克尤恩作为一个在写实主义传统内精于形式和技巧的小说家,也在文中埋下很多暗线,足以让读者拆解。

关注反复出现的意象是我们在阅读诗歌时常用的手法,但对小说同样适用。阅读《在切瑟尔海滩上》的时候学生自然会注意,小说中反复出现某些词汇与意象,教师可以引导他们通过在文本中检索关键词的方法来验证自己的感觉。现在许多小说都有电子版,这给文学研究带来一些便利,可以适当运用电子文档的检索功能,让学生切实看到某词或意象反复出现的频率。通过检索过程,学生们发现小说中"tunnel"(隧道)这个词出现了至少五次,与隧道相关的意象就更多了(McEwan 2008)。这个意象所表达的狭小逼厄的空间当然可以理解为是在暗示20世纪60年代早期的英国文化对青年人欲望的压抑,但同时这个词在小说中也常与"视野"(vision)一词搭配在一起,暗示两个主要人物因各自视角局限,而造成彼此的误解,更暗示了叙事者自身的盲点处于对小说中女主人公的心理状态无法命名的话语困境。

从意象入手是很基础的阅读方法,学生一般都能较为娴熟地掌握。难度更大的是从句式入手,考察叙事者的声音是否随着人物内心情感的转变而转变,即是否能从叙事声音的分析中抽绎出人物内心转变的线索。笔者教学的时候,会着重引导学生专注于描绘性段落,因为这些段落中句式变换形式最为丰富,阐释空间很大。以下面两段为例来说明句式分析的阅读方法:

1) If he was not reading, he usually wandered down the lane, along the avenue of limes, to the village of Northend, where Simon Carter, a

schoolfriend, lived. But on this particular morning, weary of books and birdsong and country peace, Edward took his rickety childhood bike from the shed, raised the saddle, pumped up the tyres and set off with no particular plan. He had a pound note and two half-crowns in his pocket and all he wanted was forward movement. At reckless speed, for the brakes barely worked, he flew through a green tunnel, down the steep hill, past Balham's then stracey's farm, and into the Stoner valley, and as he hurtled past the iron railings of the Park, he made the decision to go on to Henley, another four miles (McEwan 2008: p. 78).

2) She was exultant from the beauty of her walk and the clever route she had chosen, leaving the Stonor valley to go along the narrow farm track into lonely Bix Bottom, past the ruined ivy-covered church of St. James, up the wooded slopes to the common at Maidensgrove where she discovered an immense expanse of wild flowers, then through the beech woods to Pishill Bank, where a little brick-and-flint church and its churchyard were poised so beautifully on the side of the hill. (McEwan 2008: p. 150).

这两段在主题上有相关之处,第一段描写男主人公爱德华在巧遇女主人公弗洛伦斯之前所经过的路途,第二段描写两人在热恋中弗洛伦斯徒步来到斯通纳村(爱德华家所在地)的经历。两段都描写路程和沿路风景,叙事视角分别与爱德华和弗洛伦斯的视角基本重合,两段的句式和风格截然不同,与这两个时间点上男主人公的心绪有着强烈的相关性。

第一段的第一句指出,通常爱德华喜欢"漫步"访友,后面几句却说这天他一反常态,踏着车开始飞速向前,脑子里想的只有"前行运动"。

这后面的一句很有揭示性,整个句子由几个并列短语构成,一环扣一环,当中没有任何分岔,唯一插入的从句是"and as he hurtled past the iron railings of the Park",本身也是这次直线旅行的一部分,变成从句更是加快了整个句子的速度。这个句式与句子一开始出现的"隧道"字样呼应,都从形式上体现了爱德华凭着一股惯性急于前冲,内心其实并无清晰目标的状态,暗示他之后遇见了弗洛伦斯也是一味盲目地想要与她完成世俗认可的男女之间亲密的方式,其实并无主见。

第二段里,弗洛伦斯的目的很明确,就是要去与爱德华会合,但这却没有限制她的路线,她步履闲散,迂回向前,并不求快捷,而是一边走一边饱览风景,享受纯真的欢愉。她与爱德华行路方式之间的反差正体现于这句的句式。在基本结构上,这个句子与前面一段中的核心句相似,都由并列短语构成,但这句的每个并列短语都被赋予了超出一般陈述功能的描写元素,比如"狭窄的"、"孤独的"、"破损"的,甚至出现两个很长的插入短语来描写沿途风景。这个句子的句式与弗洛伦斯蜿蜒信步、追逐野趣的状态有同构的关系,相映成趣。而此时,弗洛伦斯的心理也感染了爱德华,使他也找到了过去喜欢"漫步"的心绪,不再随俗地一味"向前",答应说他们不需要"再进一步"(McEwan 2008:p. 150)。爱德华在两人交往模式上的让步——同意在欲望的表达方面不操之过急——与两人在山间挽手漫步的节奏互相呼应,与之前那一段所暗示的盲目向前的行为模式正好形成对照。

2. 以《大双心河》为例补充说明

再举一部篇幅比较短小的叙事作品为例说明以分析句式为主的阅读方法。海明威的短篇小说《大双心河》也呈现出有趣的句式变化。在开篇不久的一段里,我们看到句式从绵长突然转为短小,这个变换的玄机很深,体现第三人称叙事者对于人物内心的回避,通过这个方法,叙事

者对主要人物采取了保护和遮蔽的姿态,也可以认为是进入了人物内心,显示了他欲言还休的心境:

> Nick looked down into the pool from the bridge. It was a hot day. A kingfisher flew up the stream. It was a long time since Nick had looked into a stream and seen trout. They were very satisfactory. As the shadow of the kingfisher moved up the stream, a big trout shot upstream in a long angle, only his shadow marking the angle, then lost his shadow as he came through the surface of the water, caught the sun, and then, as he went back into the stream under the surface, his shadow seemed to float down the stream with the current unresisting, to his post under the bridge where he tightened facing up into the current.
>
> Nick's heart tightened as the trout moved. He felt all the old feeling.
>
> (Hemingway 1980: p. 73)

这一段表明,描写自然景物的句子——沿河飞翔的翠鸟,逆流而上的巨大鳟鱼,投下的影子随之飞奔——绵延不绝。虽然似乎是第三人称客观描写,但准确地体现了虚构人物尼克的视角,读者跟随他的视线,时而看鳟鱼,时而观其影,一直到鱼停下,这个句子才随着眼睛的松弛而结束。学生会发现,海明威并不像刻板印象中所说的,只会写破碎的短句子,实际上他只有在描写人物情感的时候才诉诸这样的句式,可见是为了表现内在的晦涩与不透明,人物对情感不愿深究、讳莫如深的状态。读者一旦发现这个特点,便找到了了解海明威文体的关键,也理解了读小说的一个有效而又比较深刻的技巧。

美国文学批评家斯坦利·费希和詹妮·戴维森都写过讨论句式的书,阅读中以句式为重要单位是阅读教学中必须进行的训练。费希根据自己的理解,将句式分为两类,一类是"从属风格"(由逻辑关系分明的句子构成,包括语法书上通行的"圆周句"和"松散句"的分类法),另一类是"叠加风格"(由很多平行句构成),后面这种风格多见于实验类写作,如,斯特恩(后文将着重讨论)、现代主义作家和塞林格等(Fish 2011:pp. 133-158)。戴维森的分类法更为精妙有洞见,并称句子正如爱伦坡的故事《被盗的信》中的信一样,是躲在"光天化日"之下的秘密,对其加以分析足以解开作者深藏的习性(Davidson 2014:p. 11)。这也正是我们可以在小说阅读教学中灵活运用的原则。

二、内心的转向:研究生小说阅读能力的培育

前面两例都来自篇幅相对短小的小说,阅读长篇小说的方法也由相似的原理所支配。学生的词汇量和对句式的熟悉程度当然会影响阅读长篇的速度,但速度并非关键因素。经常有学生能按时读完所布置的小说,也能记住大多数情节,但对小说产生意义的方式并没有深刻的认识。也有的学生其实语言水平比较高,但阅读总是不能进行到底,这是因为他们不知道阅读是为了什么。所以给学生一个读下去的理由,并且提供一套理解方法非常重要。

1. "内心转向"观点对长篇小说阅读的影响

大多数文学性比较强的小说都重在细节和人物塑造,了解情节并不难,可以查阅梗概,人们之所以要阅读原著,或者说小说阅读中最大的"悬念",其实是人物内心的刻画。许多阅读理论流派都认为读小说的关

键是构建虚构人物的"内心情感"。"虚构头脑"理论(Palmer 2006)、"可能世界"理论(Ryan 2000)、"头脑假设"理论(Zunshine 2006)等都被用来解释阅读过程中构建小说中"真实人物"的过程,而这些理论的建立本来也是出于这样一种认识:人物及其内心情感是读者在阅读中最为关心的环节①。

这个论点尤其适合于早期现代以来的虚构叙事作品。西方学者一般认为,英语叙事文学向来注重表现人物的内心思绪和情感,现代主义小说尤为突出。德国学者艾里希·卡勒自提出"内心转向"这个观点以来,这个观点一直比较通行(Kahler 1973)。美国文学批评家多丽·康在名著《透明的意识》一书中也认为18、19世纪以来的欧洲小说主流并非是特罗洛普、菲尔丁和巴尔扎克这样长于描写类型人物的作家,而是深入刻画"个人意识"——具体人物的内心情感——的作家,现代主义作家将这个传统推向高潮(Cohn 1978:p. 14)。

这也再一次印证,在阅读和指导学生阅读的过程中,要注重考察情感和文字质地的关系。"情感"和"形式"两个关键词在英语研究中都十分突出。如何将两者联系起来是阅读中的关键任务。诚然,小说也描写繁复的社会礼仪和琐碎的小市民日常生活,只有在具体环境中才能塑造完整的人。自然景象、服饰摆设这类细节也有同样的用途,能让叙事者偏离叙事轨道,表现作家的才情或突破传统情节的束缚。但小说最核心的元素还是虚构人物的"内心情感"和与之相关的语言形式。

考察两者的关联有两种基本方法:第一种方法是梳理小说中人物

---

① 以上提到的理论都属于认知叙事学的一部分,"头脑假设"理论指人们在面对真实或虚构人物的时候总是认为他们的言行是由头脑支配,有可追溯动机的;"可能世界"理论和"虚构头脑"理论对读者阅读虚构叙事时如何构建人物内心和其所处的环境做出了理论阐释。

的具体情感,或者某些不局限于具体人物的"情绪"。这些情感和情绪往往可以通过梳理、搜索关键词的手段来进行分析,也可以通过分析句式等手段来进行分析。

第二种方法是研究文学作品如何推进人们对于"头脑"概念的认识,这也要依靠对用词规律的分析。17 世纪笛卡尔的二元论开启了对"头脑"(mind)和身体之间统一性的哲学探讨,奠定了头脑为情感发生地的观念(笛卡尔 2013:pp. 25 - 26)。17、18 世纪的政治理论、法学理论、医学话语中对"头脑"的功用和"情感"的缘起也进行了充分的探讨,与文学中对"头脑"的指涉和隐喻发生了丰富的互文关系。文学中蕴藏着许多对于"头脑"的看法。例如,在 17 世纪的文学中,从弥尔顿的《失乐园》到多恩的诗歌《出离狂喜》和卡文迪许夫人的乌托邦小说《闪耀新世界》,经常出现精神交流的情景,将"头脑"比作运动中的实体,由此隐含了对于身体和精神关系的一番探索(Bradburn 2011:pp. 132 - 133)。正如美国文学研究者玛丽·克莱恩所论,莎士比亚的戏剧中也记载着思维方式的"痕迹"(Crane 2000:p. 4),对头脑看法的变迁也能在小说反复出现的关键词中觅见一条线索或一番规律,而这也正是学生们阅读文学的一大收获与动力,研究生尤其会感兴趣。

2. 以《项狄传》为例,说明难度较大的小说的阅读训练

笔者在讲 18 世纪小说的研究生课程"18 世纪小说中的情感"这门课时,带领学生实践了上述两种方法。这门课上读的小说都卷帙浩繁,对当代读者来说"可读性"比较弱,要么描写太细腻,要么情节太复杂,要么结构太破碎。但这也正是"私人领域"和"私人情感"崛起的时期,小说在这个过程中发挥了非常重要的作用。下面就以斯特恩的《项狄传》为例,说明可以从以下两个方面来引导学生,使他们能有读下去的可能,读时也能整理出便于生发意义的线索。

讲授过18世纪小说的老师都知道,《项狄传》是一本自传体小说,作者斯特恩化身项狄,从自己还是娘腹中的一颗种子开始,谈出生的经历、家人的轶事,也包括后来项狄去欧洲的见闻,其间穿插各种说笑、故事与芜杂的百科议论,但小说最引人关注的仍然是人物内心。项狄的父亲与托比叔叔呈现出两种全然不同的情感结构,托比叔叔敏感内向,动辄流泪,是18世纪文学中盛行的"感性男人"的重要一例。他的一次关键经历在小说中也有经常的展现:九年战争的一场战役中,他被炮弹伤到私处。也正因为这个经历,自项狄有记忆以来,托比叔叔做出了一系列近似疯狂的举动。

如果引导学生对关键词"伤口"(wound)进行搜索,他们可以看到,托比叔叔为了治愈自己生理创伤所带来的精神负担,企图建造一个模拟战场,并在其间准确复原自己受伤的地点和情境。他因此查阅了很多军事书籍,借此帮助自己回忆。这个执念使托比叔叔显得疯狂和反常,而以下这段正是他反常的开端:

> He was one morning lying upon his back in his bed, the anguish and nature of the wound upon his groin suffering him to lie in no other position, when a thought came into his head, that if he could purchase such a thing, and have it pasted down upon a board, as a large map of the fortifications of the town and citadel of Namur, with its environs, it might be a means of giving him ease. (Sterne 2009; p. 56)

这一段的特点在于将克服创伤的过程与知识和话语联系在了一起。托比叔叔认为,如果能再制作一个当时战场的地图,在上面精确地找到自己受伤的地点,并插上"一枚针",他就会感觉舒畅些。如果学生继续回忆或搜索包含"伤口"的段落,他们会发现还有不少段落表达了相关意思。比如:

> In the latter end of the third year, my uncle Toby perceiving that the parameter and semi-parameter of the conic section, angered his wound, he left off the study of projectiles in a kind of a huff, and betook himself to the practical part of fortification only; the pleasure of which, like a spring held back, returned upon him with redoubled force. (Sterne 2009;p. 61)

这一段的意义与上面一段有所承接,不过正好相反。托比叔叔因学习军事知识太多而疲劳,以至于原先以为可以治愈伤口的举动反而激化了病情,他不得不走出书房,来到"实际的堡垒",也就是他在园子里和仆从建造的战场模型。比较这两个段落。然后教师可以再引导学生去回忆或通过搜索发现更多类似的段落,并专注思考"伤口"与"知识"或"话语"之间的关系在小说中呈现出什么样复杂的状态。这番思考可以引出更为复杂的问题,那就是斯特恩对于"疯狂"的想象。他似乎在说疯狂的缘由不在于生理和情感的创伤,而在于以为创伤可以通过重建受伤现场来治愈,因而不断回忆和重演触发伤口的事件。18世纪小说经常描写疯狂,比如塞缪尔·约翰逊的《拉塞雷斯》(1759)和斯摩莱特的《朗斯洛特·格里弗斯爵士》(1760),可以引导有兴趣的学生继续进行跨文本探讨,考察早期现代对于疯狂和创伤关系的理解。

上面谈的是用查找关键词的方法来研究小说中表现的具体情感或情感状态——如"创伤"与"疯狂"。第二条思路是考察小说所体现的18

世纪"头脑"观。可以将"头脑"(mind)作为关键词,也可以分析小说的句式。

如果对"mind"一词加以搜索和细究,学生们很可能会发现以下两段:

> A wish coming sideways in this unexpected manner upon a man: the safest way in general to take off the force of the wish, is for the party wished at, instantly to get upon his legs—and wish the wisher something in return, of pretty near the same value...
>
> A man's body and his mind, with the utmost reverence to both I speak it, are exactly like a jerkin and a jerkin's lining; —rumple the one, —you rumple the other.
>
> (Sterne 2009: pp. 105,107)

这两段实际上是给"头脑"提出了两种隐喻,第一段将心理活动比作一个物体,在空中穿行后可以影响他人,一个人对他人的愿望有时候就像一个投掷物,具有杀伤力,而回敬的方式就是把东西扔回去。很多学者已经指出,17 和 18 世纪是脑生理学发展的关键时期,英国医生托马斯·威利斯(Thomas Willis)通过解剖实验,初步探明脑的结构,并与画师合作,以图像呈现了这种结构(Jones 2007: p. 144)。第二段则是把"头脑"和身体比作外套与其衬里,如前所述,这两者的统一是 17 世纪的一个重要命题。这两段只是两则例证,《项狄传》里还有许多对"mind"的指涉,可以顺势梳理出小说中出现的关于"头脑"的不同隐喻。这个发现会使学生更清晰地看到阅读这本小说的意义,也因此而具有了读下去的动力。

如果把注意力放在《项狄传》的句式上,学生会发现斯特恩用了许多支离破碎、以短横连接的句子,从上述引文中就可见一斑。这与诗歌有异曲同工之处,可以与美国诗人迪金森的诗歌中一种断断续续的声音进行比较。学生可以听到句子与句子之间、词语和词语之间的巨大空隙,看到斯特恩将费希所说的"叠加句"实践到极致,营造了思维散乱、情绪跳跃的效果。学生通过自己的观察和思考,也就不难过渡到比较高深的批评论点。已经有学者指出,斯特恩的句式对于人体"自然"韵律的体现是他语言的一个创举,是18世纪中叶的乐理学与小说互动的结果。加拿大学者盖瑞特·斯图亚特在一本讨论维多利亚时期小说的著作中提出了"绘事学"这个概念,即以句子为单位来衡量散文叙事的韵律,对我们理解《项狄传》的句式也有很大启发(Stewart 2009)。

斯特恩的破碎句式所制造出的断裂感在更宏观的层次上也有所体现。可以引导学生看到,小说中反复出现的"跑题"(digression)段落,其实是一种在叙事结构上的断裂,是破碎句式的一种镜像。这类例子很多,学生们轻易就可以发现许多段落打断了一件完整的叙事,因为一个词便岔开去谈论一件轶事见闻或生发一番议论。作者自己也在接近小说开头的地方说:"无可争议的是,跑题正如阳光——是生命,也是阅读的灵魂;……把这本书里的跑题段落剔除,你也就消灭了整本书。"[①]斯特恩的句式和叙事结构都呈现出凌乱的特点,这也可以与小说的伤痕主题联系起来,跑题和句式的自由都暗示治愈伤痕的手段或许不是执着反复地回忆,而恰恰是随时从痛苦的回忆偏离,以轶事和笑话来填充思绪的空白。句式和叙事结构上的特征其实也都可以看作是小说"内心转

---

① 原话是"Digressions, incontestably, are the sun-shine; …they are the life, the soul of reading;…take them out of this book for instance,…you might as well take the book along with them" (Sterne 2009: p.48)。

向"的标志。

这样,学生围绕小说前面几部分对情感的描写、模拟以及对"头脑"观念的表达这些主题,通过分析反复出现的词汇(如"mind"和"wound"),分析句式和叙事结构,就可以发现小说的趣味所在,然后更为顺利地向下阅读了。

三、结　论

在课堂上训练学生阅读小说的能力殊为不易。让学生读完和让学生读懂是两项艰巨的任务,而且看似也经常会有矛盾,速度和深度不可兼得。不过,本文认为其实两者不能分割,要让学生看完也就必须让他们理解怎么看,为了什么看,有了清晰的目的才能有足够的阅读动力。而18世纪以来的英语小说代表的是英语文化中的内心转向,所以考察情感与叙事和语言形式的关系应该也可以成为小说阅读的主要目标。实现这个目标有几条基本思路,包括本文提到的关键词梳理、句式分析和叙事视角及结构的分析等手段。教师可以先让学生读一到两章,然后演示几条基本思路,这样对学生的帮助将是很大的。他们中的大部分人都是可以在阅读技巧上有所提高,并同时完成更多阅读量的。

当然,阅读的基本门槛是词汇量和对句式的掌握程度,这些指标也可以在大量阅读中慢慢有所提高,学生也可以适当背诵单词,有的放矢地分析难句。不过这些基本练习并不属于本文的讨论范围。

笔者认为,小说阅读中最关键的问题还是在于缺乏动力和方法。18世纪以来大多数值得读的经典英语小说都在表达和描摹情感方面卓有建树,引导学生考察形式与情感的关联恐怕会使得阅读小说变成一种想象中的人生游历,真正让文学知识在学生个体的成长中起到有益的作用。从17世纪开始,长篇叙事文学就被认为是危险的,不能给庸俗的人来读,因为会"给他们关于实际的夸张念头,在他们还不具备抵御幻想的判断力之际,就让他们觉得自己是国王或王后"①。这段话指出的就是通俗小说催生的简单移情效应,而这种印象式阅读也是我们今天的读者应该抵制的。所以,教师应该让学生有能力深度阐释小说中隐含的对于情感的态度以及关于头脑和意识的观点,这是对我们在阅读中天然偏好的挖掘和深化,也是阅读教学的一条必行和可行之路。

参考文献

Bradburn, Elizabeth. 2011. "1620 - 1700: Mind on the Move". In *The Emergence of Mind: Representations of Consciousness in Narrative Discourse in English*. Edited by David Herman, Lincoln: University of Nebraska Press.

Cohn, Dorrit. 1978. *Transparent Minds: Narrative Modes for Presenting Consciousness in Fiction*. Princeton, NJ: Princeton University Press.

Crane, Mary. 2000. *Shakespeare's Brain*. Princeton NJ: University of Princeton Press.

Davidson, Jenny. 2014. *Reading Style: A Life in Sentences*. New York: Columbia University Press.

Dunton, John ed. 1692. *Athenian Mercury*, Vol. 9, No. 2 (December 17). Reprinted in *Novel Definitions: An Anthology of Commentary on the Novel: 1688-1815*, ed. Cheryl Nixon, Ontario, Canada: Broadview Press, 2009.

Fish, Stanley. 2011. *How to Write a Sentence: And How to Read One*. New York: Harper.

Hemingway, Ernest. 1980. "The Big Two-Hearted River". In *The Nick Adam Stories*. New York: Bantam Books.

Jones, Andrian. 2007. "The Physiology of Reading in Restoration England". In

---

① 原话是"give 'em extravagant Ides's of practice, and before they have Judgment to byass their Fancies, generally make 'em think themselves some King or Queen"(Dunton 1692)。

Practice and Representations of Reading in England. Edited by James Raven, Helen Small, and Naomi Tadmor. Cambridge UK: Cambridge University Press.

Kahler, Erich. 1973. *The Inward Turn of Narrative*. Translated by Richard & Clara Winston. Princeton, NJ: Princeton University Press.

Lukács, Georg. 1971. *Theory of the Novel: A Historical-Philosophical Essay on the Forms of Great Epic Literature*. Translated by Anna Bostock, Berkeley, CA: MIT.

McEwan, Ian. 2008. *On Chesil Beach*. New York: Anchor Books.

Palmer, Alan. 2006. *Fictional Minds*. Lincoln, University of Nebraska Press.

Ryan, Marie-Laure. 2000. *Narrative as Virtual Reality: Immersion and Interactivity in Literature and Electronic Media*. Baltimore, Johns Hopkins University Press.

Sterne, Laurence. 2009. *Tristram Shandy*. Ware: Hertfordshire, Wordsworth Classics.

Stewart, Garrett. 2009. *Novel Violence: A Narratography of Victorian Fiction*. Chicago: University of Chicago Press.

Warner, William. 1998. *Licensing Entertainment: The Elevation of Novel Reading in Britain, 1684 – 1750*. Berkeley, CA: University of California Press.

Zunshine, Liza. 2006. *Why Do We Read Fiction: Theory of Mind and the Novel*. Columbus, Ohio University Press.

附录　求教职如何应对面试

2014年左右，我与两个不同专业的同事都谈到了求文科教职该如何应对面试的问题，就想到要写篇短文。似乎目前国内规模比较大的大学（包括综合性大学和传统理工科大学）不少采取面试/教授会的方法来考察求职者。面试/教授会上参与评判的教授可多可少，多则几十个，少则也有好几个，教授们问的问题看来和美国大学的同仁有趋同的倾向，或者说教授们的思路都差不多吧。

面试与许多人际交流的场合有相通之处，谈面试实际上也是在谈与人沟通中所需要注意的基本问题，面试与硕士博士生答辩等各种过程都有相通之处。不论用中文还是英文面试，除了一些敬语和习惯用语不一样外，总体情形相差不大。分几点来说：

1. 从英文系来说，英文基本功扎实是必须的（尤其说和写的能力）。面试时口语自然要有说服力。如果有海外学习经历，在国内求职的时候可能无形中会受到更高标准的衡量。

2. 对自己的博士论文要能做深入浅出、简明扼要的介绍（几分钟讲清楚），要让系里不了解你领域的老师都能理解你论文的写作方法和重要性。一开始就要讲到重点，不能绕，概念和研究的素材一定要定义清楚，概述完自己的观点后快速用一两个生动的例子来说明。不要以为系里已经对你的研究比较清楚了,要从零讲起。教授们听完你的简介肯定会有追问,因此你要准备更多的小例子,在回答中适时抛出来。

3. 或许更重要的是要能证明自己在教学上可以覆盖比较宽的面,不是只能讲授自己论文研究的内容。也就是说最好事先准备五个课程大纲,一半是综述型的大课,一半是专业性的小课,记在脑子里。比如你研究的是1949年以后的中国戏剧史,那么可能系里会问你能否教授近代以来的中国戏剧史,或者问你能否教授20世纪世界戏剧史。你事先就应该预测到类似的问题,做好准备。回答如何设计教学内容的问题也参照前面的方式,先勾勒一个总体思路和框架,然后举一周的课程内容为例说明。如有追问,再适当举例。

4. 最后可以问面试者一两个问题,表现出自己对研究和教学的极大热情。比如说,你可以问你们的学生需要上些什么课,你们的年轻学者有没有学术交流机制,对青年学者出版和外出参加学术会议有什么支持等等。总之就是不表现出任何焦虑,看上去有规划有克服困难的能力。

面试一般也就半小时到45分钟,时间不多,言简意赅为佳。每个回答不要超过四五分钟,一定要有生动简明的举例。

如果问到你不能回答的问题,不要简单说不知道,也不要说我以后努力了解,更不要反问提问者,可以尽量把问题向对自己有利的方向阐释(也就是把它转变为一个毗邻但不同的问题),尽量把自己知道的相关知识说出来。但为了不让人觉得你是在回避问题,最后可以坦诚地说对原来那个问题可能思考不够,并直面挑战提出一些初步的想法,这就需要有一定的临场应变能力了。面试的教授一般都喜欢愿意与人对话,而不是固守自己准备的内容不敢越雷池半步不敢相机而动的求职者。

回答问题的时候当然要平和自信,眼睛要来回环顾所有面试者,不漏过一个人。这和上课时的眼神交流差不多。

总之,要尽量能预测面试者可能会问的问题,有所准备,但说的时候要做到自然轻松,联想丰富,有序有物,不让人觉得僵硬呆板。也不要太注重文采,凡事直说就好了。

着装方面,只要衬衫西装就好,男女都差不多。如果是电话或者Skype面试,那也是差不多的道理,不过远程对话更容易让人紧张,弊大于利。

以上说的内容也基本适用于美国研究型学校,如果是文理学院,对教学要求会更高。

如果做得够好,别人还是不喜欢,那就不用放在心上了。总有留人之处。

尾 声

从英语的基本技能训练讲到博士毕业求职面试,从实用方法到以文字入文化的精神探险,本书跨度比较大,却只有一个基本的想法贯穿始终:语言和文学的学习,需要匠心、慧心与爱心的汇聚,如古希腊神话中爱与美之女神阿芙洛狄忒与丑陋的锻铁之神的结合,有焚膏继晷的苦,又有悠游畅想之乐。

语言和文学的逻辑如果内化为无形的精神品质,那必然是刚柔相济,温柔而严厉的。这或许也是所有文化的终极意义,塑造新的人与灵魂,淹通新知与善行。愿此小书于此能尽些微之力。

图书在版编目(CIP)数据

被解释的美:英语的方法和趣味/金雯著.
—上海:华东师范大学出版社,2018
ISBN 978-7-5675-4761-2

Ⅰ.①被… Ⅱ.①金… Ⅲ.①英语—研究
Ⅳ.①H31

中国版本图书馆 CIP 数据核字(2018)第 052149 号

被解释的美
——英语的方法和趣味

著　　者	金　雯
策划编辑	许　静　陈　斌
责任编辑	乔　健
责任校对	陈　易
封面设计	周伟伟
版式设计	卢晓红

出版发行	华东师范大学出版社
社　　址	上海市中山北路 3663 号　邮编 200062
网　　址	www.ecnupress.com.cn
电　　话	021-60821666　行政传真 021-62572105
客服电话	021-62865537　门市(邮购)电话 021-62869887
地　　址	上海市中山北路 3663 号华东师范大学校内先锋路口
网　　店	http://hdsdcbs.tmall.com

印 刷 者	浙江临安曙光印务有限公司
开　　本	890 毫米×1240 毫米 1/32
印　　张	8.5
字　　数	190 千字
版　　次	2018 年 9 月第 1 版
印　　次	2023 年 12 月第 8 次
书　　号	ISBN 978-7-5675-4761-2/I·1870
定　　价	48.00 元

出 版 人　王　焰

(如发现本版图书有印订质量问题,请寄回本社客服中心调换或电话 021-62865537 联系)